Was Du Dir wünschst, das bekommst Du auch

Jürgen Berus

Was Du Dir wünschst, das bekommst Du auch

Wie die ultimativen Gesetze
unser Leben steuern

Mit den besten Beiträgen aus einem
Kurzgeschichtenwettbewerb:

Stefanie Broller
Gabriele Eder
Anita Hintz
Heidemarie Ithaler-Muster
Cornelia Koepsell
Linni Lind
Heike Müller
Iris Reynaud
Melanie Schaf
Regina Schleheck
Susanne Seider
Andreas Sticklies
Ina Wanders
Julia Werner

**Bibliographische Information
durch die Deutsche Bibliothek:**

Die Deutsche Bibliothek verzeichnet diese Publikation in der
Deutschen Nationalbibliographie; detaillierte bibliographische
Daten sind im Internet über http://dnb.ddb.de abrufbar.

Herstellung und Verlag:
Books on Demand GmbH, Norderstedt

ISBN-13: 9783837045765

Inhaltsverzeichnis

Kurzgeschichten

Vorwort

Viele Bücher wurden über diesen Gegenstand geschrieben und ebenso viele Menschen beschäftigten sich somit mit dieser Thematik, doch nur wenige Personen wurden aufgrund dieser Weisheiten wirklich reich. Bei einigen haben sich viele kleine Wünsche manifestiert. Größere Ziele aber schwirrten ab ins Nirwana.

Man muss sich nur mal zu Gemüte führen, dass alles, was sich im Äußeren manifestiert, sich zuerst im Innern des jeweiligen Individuums entwickelt, und dies gilt ebenso für das gesamte Universum (wo die Gesamtheit des Bewusstseins wirkt) wie auch für das „Schicksal" der einzelnen Individuen.

Alles was wir jemals gedacht und gefühlt haben, ist fest verankert in unserem Charakter. Alle Eigenarten und Gewohnheiten wirken auf unser Dasein ein, auch unser gegenwärtiges Denken und Fühlen. Es ist wirklich eine große Kunst, sein Leben in kurzer Zeit so zu verändern, dass in einer Phase der Negation die Verwandlung zum Positiven erfolgt. Meist dauert es Monate oder gar Jahre.

Für den einen bedeutet es Kampf, sein Leben zu verändern, für den anderen ist es eine Leichtigkeit, sich den veränderten Strukturen anzupassen. Doch immer ist es die innere Struktur seines eigenen Ichs, die das Äußere heraufbeschwört.

Charakter ist Schicksal

Viele leben in einer Welt, die sie sich künstlich erschaffen haben und merken dabei nicht, dass nicht das Künstliche, sondern das Natürliche unsere Urpräsenz ist. Natürlichkeit heißt, auf seine innere Stimme zu hören, um die positiven Schwingungen aufzunehmen und die negativen Tendenzen zu meiden.

Wenn wir uns nun die „Erfolgreichen Menschen" anschauen, dann werden wir entdecken, dass auch deren Charakter gefestigter und zielorientierter ist, als der von dem „normalen Volk". Sie sind ehrgeizig und heben ein Ziel, das sie um jeden Preis verwirklicht haben möchten. Auch wenn irgendetwas dazwischenkommt, so wird jedoch das Aufgeben niemals in Betracht gezogen.

Aufgeben oder ohne ein Ziel durch das Leben zu schweben ist wie ein Fass ohne Boden. Je mehr Wasser hineinfließt, desto weniger Flüssigkeit steht zur Verfügung.

Es kommt nur das ins Leben, für das man sich interessiert oder wenn man es anders ausdrückt, für das man lebt, und es interessiert das Schicksal nicht, welche Zielsetzungen man sich setzt. Man bekommt das, was man sich wirklich verdient hat.

Obwohl wir grundsätzlich körperlich gesund sind, ist unser Ich vorbelastet. Diese Vorbelastung agiert nicht im Materiellen, sondern im Unbewussten. In der Seele schlummern viele Erlebnisse aus früheren Leben oder aus der Kindheit, die unser jetziges Fortkommen erschweren. Vorteilhaft wäre es, wenn wir diese Schranken erkennen und auflösen. Mittels Psychotherapie, Hypnose oder Reinkarnationstherapie kann man heutzutage diesem Übel aber recht gut begegnen.

Dieser kleine Ratgeber erhebt keinen Anspruch auf Vollständigkeit, er soll uns einige Möglichkeiten aufzeigen, um aus der Negation auszusteigen.

Verfluche nicht Dein Leben, es ist Dein Leben, Deine Lernerfahrung. Auch ein scheinbar „negatives Leben" hat seine Höhepunkte, und wenn man versucht, diese Höhepunkte weiter auszubauen und seine Fähigkeiten oder Talente weiterentwickelt, dann steht keine Barriere mehr im Weg, um eine glückliche und sorgenfreie Gegenwart zu leben.

Jürgen Berus
(http://www.juergen-berus.de)

Die erste Geschichte, die ich hier vorstellen möchte, handelt von einem scheinbar ausweglosen Kampf, der aber durch die Hilfe eines Mitmenschen gewonnen wurde. Anscheinend kam die Hilfe aus dem Nichts, aber ich bin mir sicher, dass dieser Notruf durch das „Universum" empfangen wurde.

Zum Wunschgewicht

Alles schien so trostlos, und meine Zukunft war besiegelt. Ich traute mich kaum mehr vor die Tür, so heftig empfand ich die Attacken meiner Umwelt. Ich verstand es ja, warum man mich mied, denn wenn ich mich im Spiegel sah, dann wunderte ich mich manchmal selbst über mein Aussehen.

„Das bin ich nicht. Ich bin ganz anders!" schrie ich immerfort, „in meinem Inneren bin ich eine Schönheit, die die Kunst über alles liebt, eine Muse der Inspiration. Warum sehen es die anderen nicht auch so?"

Das Spiegelbild veränderte sich nicht, es wurde von Tag zu Tag schwammiger und unansehnlicher. Ich wollte ja etwas ändern, doch meine Kraft und meine Energie waren nur von dem Wunsch beseelt, weiter zu essen. Im Genuss fand ich meine Erlösung. Alle Probleme wurden vertilgt, und ich merkte nicht, dass ich in meiner Sucht ertrank.

In meiner Kindheit war es nicht ganz so schlimm gewesen.

9

*Zwar wurde ich auch damals wegen meines Übergewichts ge-
hänselt, doch war ich nicht die einzige, die das erleiden musste,
und damals konnte ich mich auch noch wiegen. Seit einigen
Jahren aber versagte die blöde Waage ihren Dienst, und seitdem wog ich mich nicht mehr.*

*Die Wendung, nach der ich mich so sehr sehnte, erschien mir
in Form eines „Engels", der mir die alltäglichen Einkäufe erledigte. Nachdem ich nicht mehr richtig laufen konnte, ent-
schloss ich mich, einem Helfer anzuvertrauen. Dieser Mann
krempelte mein ganzes bisheriges Leben um. Er gab mir den
Mut, den ich brauchte und behandelte mich so „normal" wie
jeden anderen Menschen.*

*Mit seiner Hilfe hab ich es geschafft, binnen eines Jahres auf
das stolze Gewicht von unter hundert Kilogramm zu kommen.
Das Laufen bereitete mir nun keine Schmerzen mehr und auch
nicht die Blicke der Anderen.*

*Ab dem Zeitpunkt habe ich mein Leben selbst in die Hand ge-
nommen. Mittlerweile wiege ich nur noch 73 Kilo bei einer
Größe von 1,75 m. Die überflüssige Haut, die als Andenken
meiner Fresssucht auf mir lastete, bildete sich innerhalb von
zwei Jahren so gut wie von alleine zurück, was vielleicht auch
darauf zurückzuführen ist, dass ich seit einigen Jahren regelmäßig Sport treibe.*

*Heute ist mein Leben nicht mehr so trostlos wie noch vor eini-
gen Jahren. Mein damaliger Helfer ist indessen mein Ehemann
geworden und wir haben neue Pläne, die wir uns gemeinsam
erfüllen wollen.*

© Melanie Schaf aus Dresden

Hypnotisiert von Geburt an

Bereits im Mutterleib nimmt das entstehende Leben Eindrücke von sich und seiner Umgebung wahr. Auch wenn der neue Erdenbürger noch keine Silbe von dem versteht, was in der äußeren Umgebung passiert, so empfängt er doch die Schwingungen von seiner Mutter und gibt auch seinerseits Informationen weiter.

Diese Kommunikation, die zwischen dem werdenden Wesen, seiner Mutter und der unmittelbaren Umgebung abläuft, existiert in der gesamten belebten Natur und prägt den neuen Menschen auf wundersame Weise.

Es ist so ähnlich, als wenn man einen nagelneuen Computer von Grund auf mit neuen Daten bestückt. Wenn wir aber dieses Beispiel mit dem Computer weiterverfolgen, dann entdecken wir, dass es in dieser Maschine weitere Bereiche[1] gibt, die bereits mit Informationen gefüttert sind. Diese Botschaften wurden ihm eingegeben, damit die einzelnen Teile des Rechners miteinander kommunizieren können. Ohne diese Informationen wäre der PC tot und zu nichts zu gebrauchen.

Ähnlich verhält es sich auch mit den tierischen Körpern. Erst wenn sich ein Bewusstsein in deren Körper integriert hat, erwacht die „Maschine" und beginnt zu leben.

Doch gehen wir mal davon aus, das dieses neue Leben oder das Bewusstsein, das sich in diesem neuen Wesen integriert, schon einige Male vorher in unzähligen Existenzen inkarniert hat, dann erkennen wir, dass sich der Grundcharakter ja schon gebildet hat und mit dem Lesespeicher des Computers vergleich-

---

[1] ROM (Read Only Memory)

bar ist.

Sehen wir uns dieses neugeborene Wesen mal näher an. Obwohl der Charakter und die sonstigen Eigenschaften aus den früheren Existenzen nach wie vor präsent sind, ist das kleine Wesen hilflos seiner neuen Umgebung ausgeliefert. Glücklich könnte er sich schätzen, wenn seine neue Lebenssituation mit optimistischen Personen getränkt ist, die die positiven Fähigkeiten in ihm fördern und die negativen behandeln würden.

Aber so optimistische Eltern werden den allerwenigsten Babys in die Wiege gelegt. Oft ist es doch so, dass den meisten von uns Probleme aller Art ins Hause flattern, und da die Gemeinschaft der Familie keinerlei Geheimnisse zulässt, ist es nur natürlich, wenn die negativen Suggestionen der Eltern für ihn zu einem Glaubensbekenntnis werden.

Jahre vergehen und die Sprache, die er erlernt, enthält viele Wörter, die eher mit den Silben der Resignation und der Aufgabe gespickt sind, als mit optimistischen Phrasen und Redewendungen, die den Erfolg preisen.

Der Eintritt in die Schule gleicht eher einem Zwang und schränkt ihn in seinem kreativen Schaffensdrang ein. Mit der Zeit aber gewöhnt er sich daran und er wird zu einem funktionierenden Teil der Gesellschaft, die ihm einredet, dass er nur etwas werden kann, wenn er einen guten Schulabschluss besitzt.

Weitere Gebote und Verbote strömen ihm von einer weiteren Einrichtung entgegen. Geschichten, die einer utopischen Phantastik entsprungen sein mussten, werden für ihn zu einem Bestandteil seines noch so jungen Lebens. Aber da selbst seine Eltern und auch all die anderen Erwachsenen daran glauben und diese seltsamen Rituale mitmachen, kann er sich der neu erfahrenen Religion nicht verschließen.

So wird das Gebet zu einer Zutat in seiner Entwicklung. Demut und Hingabe zu etwas, was er nicht kennt und noch nie gesehen hat. Dies bestimmt nun sein tägliches Leben, und obwohl niemand etwas Genaues und Stichhaltiges über diese Bewegung erzählen kann, muss er sich fügen und damit auseinandersetzen.

Manchesmal, wenn die alltäglichen Probleme überhand nehmen, beginnt er zu beten und spricht mit Gott über seine Sorgen. Er wünscht sich Befreiung von seinen Schwierigkeiten und da er es wirklich ehrlich meint, bittet er zudem noch um Vergebung seiner Missetaten.

Aber nachdem er einige Male so fruchtlos diese Rituale ausgeführt hatte, kommt er zu dem Entschluss, dass sein Leben und die damit verbundenen Hindernisse vorherbestimmt waren. Er fügt sich seinem Schicksal und führt ein Leben wie Millionen anderer. Ausbildung, Arbeitslosigkeit, mühsame Suche einer Arbeitsstelle, und wenn er dann doch mit einer Beschäftigung gesegnet wurde, dann entsprach es doch nicht wirklich seinen finanziellen Ansprüchen.

Irgendwo in seinem Hinterkopf lauert noch immer der väterliche Ausspruch: „Die Armen werden immer ärmer und die Reichen immer reicher", und da er sich wahrlich nicht mit den Reichen identifiziert, geht es ihm genauso wie er es sich vorstellt. Manchmal verflucht er seine Arbeit und sein Leben, aber er muss ja durchhalten bis zu seiner Pensionierung, denn er kann ja nichts anderes, und falls er mal wieder arbeitslos werden sollte, dann wäre es schon schwierig, einen neuen Job zu finden. Also versucht er durchzuhalten, bis er dann eines Tages mit Gehaltskürzungen und Mehrarbeit belastet wird.

Anstatt sich aber um einen neuen Job umzusehen, akzeptiert er diese neuen Arbeitsbedingungen. Seine Arbeitskollegen sind mit ihm einer Meinung, dass es nicht so leicht ist, einen neuen Job zu finden. Die schlechte wirtschaftliche Lage ist Schuld an dieser Misere und wieder sind sich alle einig, dass die Armen oder das Durchschnittsvolk immer ärmer werden.

Wenn wir uns dieses Beispiel vor Augen führen, dann erkennen wir, wie sehr die Menschheit abhängig von ihrer Kindheit ist. Ich möchte sagen, sie ist hypnotisiert. Gefangen in den Überzeugungen, die sie sich irgendwann einmal angeeignet hat.

Diese Hypnose wirkt aus den folgenden Vergangenheitsebenen auf uns ein:

- Aus dem früheren Leben[2]
- Aus dem Mutterleib
- Aus der Kindheit
- Aus neu gemachten Erfahrungen

Verstärkt werden diese durch:

- Wiederkehrende negative Erlebnisse
- Pessimistisch eingestellte Freunde und Bekannte
- Panikmache aus den Medien
- Etc.

Meist sind diese Beeinflussungen aus der Vergangenheit so stark, dass sie zu einer Charaktereigenschaft werden, die das ganze Fortkommen belastet, wenn nicht gar unmöglich macht, und dieses anhaftende Dilemma braucht oft Jahre, wenn nicht gar Leben, um sich aufzulösen. Vielleicht ist es ja vorherbe-

---

[2] Dabei ist zu beachten, dass auch mehrere Inkarnationen daran beteiligt sein können.

stimmt, solche Situationen durchleben zu müssen, doch das glaube ich nicht. Heutzutage hat jeder die Möglichkeit, diese Blockaden aufzulösen.

Es ist nur natürlich, dass wenn jemand tagtäglich mit Dummheiten und Angst machenden Sensationen zugeballert wird, wie es heutzutage zuhauf in den Medien geschieht, vor der Realität kapituliert und eine armselige Marionette des Systems wird und was er auch anpackt, geht schief. Hand in Hand verabreden sich die alten Hypnosen mit den neuen zu einer Zusammenkunft. Also müssen neue Systeme her, die das Übel an der Wurzel packen.

Vielfach sind die so genannten „Erfolgstrainings-Seminare" der letzte Renner, bei denen die Leute auf Erfolg und Fleiß getrimmt werden. Das mag auch bei einigen Menschen fruchten, doch wirkliche „Problemkinder" werden durch diese Art der Aufputschung nicht geholfen, denn wenn diese Menschen wieder ins alltägliche Leben entlassen werden, dann werden sie wieder mit ihren „normalen" Mustern überschwemmt.

Ein Problem muss an der Wurzel des Übels bekämpft werden und geschieht folgendermaßen:

- Forschen und Ergründen
- Erkennen und Begreifen
- Auflösen und sich Befreien
- Neue positive Suggestionen aufnehmen

Es ist ja so, als wenn wir mit dem Rauchen aufhören möchten. Jeder Raucher kennt das Problem und die Schwierigkeiten, die damit verbunden sind, sind enorm. Manch einer prahlt damit, allein aufgehört zu haben, doch die Rückfälligkeit ist gerade bei diesem Personenkreis sehr hoch. Menschen aber, die behutsam an diese Unlösbarkeit geführt werden und mit Hilfe von außen behandelt werden, können sich mit fast hundertprozentiger Sicherheit rühmen, das Übel aus der Welt geschafft zu haben.

Die idealste Möglichkeit ist, sich einem Therapeuten[3] anzuvertrauen, der genau diese Möglichkeiten anbietet, und dieser Mediziner sollte sich auch nicht vor der Möglichkeit verschließen, hinaus über dieses eine Leben zu gehen, denn manch eine Wurzel befindet sich in einem weit entfernten Leben.

Bedenken Sie:

Die Lösung Ihrer Probleme
realisiert sich nur
durch Ihre eigene Anstrengung.

Zum Abschluss dieses Kapitels möchte ich Ihnen eine Geschichte vorstellen, die genau diesen Aspekt der unbewussten Hypnose behandelt. Obwohl der Wunsch da war und auch alle Anzeichen der positiven Entgegennahme erfüllt waren, entschied er sich doch anders, da sich sein Gewissen gegen ihn stellte.

---

[3] Am besten wäre ein guter Reinkarnationstherapeut, mit deren Hilfe sie in die Kindheit oder in vorherige Leben eintauchen, um die Ursachen ergründen zu können.

Gewissen

Ich wusste sie war verheiratet, hatte kleine Kinder, einen Jungen und ein Mädchen und trotzdem...

Der Blick aus ihren unendlich tiefgründigen Augen, ihre samtweiche Stimme ihre ganze humorvolle Art mit Menschen umzugehen, reduzierte meinen guten hundertprozentigen Vorsatz, niemals zu versuchen, wissentlich mit einer verheirateten Frau zu schlafen, auf Null. Sicherlich, Melissa war auch jung, gerade mal Anfang zwanzig. Ich war zwar immer noch Junggeselle, hätte mit meinen 48 Jahren gut und gerne ihr Vater sein können, auch das spielte eine Rolle. Wann hat man schließlich, in meinem Alter, noch die Möglichkeit, mit einer so jungen und verdammt gut aussehenden Frau, zu schlafen.

Nun gut, es gibt auch käuflichen Sex, ist aber zum einen sehr teuer und zum anderen, muss man, wenn man nicht grad ein Krösus ist und die Scheine nur so hinblättern kann, zeitig fertig sein und darf auch nur einmal kommen, wie man so sagt. Ich hab es ausprobiert, es ist nichts für mich. Ich brauch Zeit, ich will es genießen.

Ich hatte im Übrigen nun schon länger keinen Sex mehr gehabt, genau wie Melissa, und das, obwohl sie verheiratet war. Auch dieser Umstand ließ meinen Vorsatz bröckeln.

Ich sagte mir schließlich die Sache mit der sexuellen Treue ist eine Erfindung der Gesellschaft und entspricht einfach nicht der Natur des Menschen. Sonst hätte man ja nicht dieses Verlangen, haben schließlich nicht wenige, auch gebundene Menschen und was ist schon dabei, wenn man einfach nur mal ein bisschen Freude aneinander haben will und und...

Es fing an in mir zu brennen, ich wollte es, ich wollte es diese

17

Nacht, unbedingt diese Nacht mit Melissa verbringen.

Als der Abend begann, waren wir noch zu acht, wir hatten uns alle, in den vergangenen Tagen, zufällig in diesem Ferienparadies zusammengefunden, nette Leute, allesamt – allerdings interessierten mich an diesem Abend die anderen nur insofern, dass ich hoffte, sie verschwänden bald, damit ich mit „ihr" alleine sein konnte.

Immer wieder verschmolzen unsere Blicke miteinander und ich musste mich sehr beherrschen, um nicht direkt auf mein Ziel loszuschießen Wir tranken Alkohol und zwar nicht wenig, aber das hatte mir noch nie was ausgemacht, von wegen Alkohol macht den Pinsel weich, ist Gott sei Dank nur ein Ammenmärchen.

Ich arbeitete stetig auf mein Ziel hin, der Abend verlief optimal und schließlich waren wir die letzten, weit nach Mitternacht.

Wir sprachen ausgiebig über Sex, ganz offen. Sie erzählte mir von ihren Problemen und meinte letztendlich, dass sie in ihren jungen Jahren schließlich öfter als nur einmal alle zwei Monate Sex brauchte. Und ich wusste, ich war am Ziel meiner Wünsche. Ich musste nur noch die eine entscheidende Frage stellen...

Ich stellte sie nicht – wir gingen ins Bett – jeder in sein eigenes.

Warum ich die Frage nicht stellte, kann ich nicht sagen. Vielleicht war es ja doch mein Gewissen, dieses verfluchte Gewissen...

© Andreas Sticklies aus Gelsenkirchen

In die richtige Schwingungsebene fallen

Jeder kennt das Gefühl, wenn Leute sich streiten. Die Atmosphäre ist gespannt und scheint negativ aufgeladen zu sein. Je länger wir dabei sind, desto tiefer werden wir in das Ereignis mit hineingezogen. Irgendwann beginnen wir für eine Seite Partei zu ergreifen, und im Nu verschmähen wir die andere Seite, obwohl sie uns in einer anderen Situation wahrscheinlich sympathisch gesinnt wäre.

Ein anderes Extrem ist die Liebe. Während sich die Vibration beim Streit nach „unten" neigt, entwickelt sie sich bei der Liebe in den oberen Bereich. Für einen Moment erleben wir die Welt mit anderen Augen. Wir sind so sehr verzückt, dass wir das Negative komplett verbannen und nur das Positive in all seinem Glanz sehen.

Aber alle extremen Schwingungsmuster haben eins gemeinsam. Sie beginnen aus einer unerklärlichen Ursache heraus zu wachsen, haben ihren Höhepunkt und verebben dann allmählich. Obwohl sich nur die Situation ändert, wir aber im Grunde unseres Herzens gleich bleiben, spüren wir die Schwingung, die aus dem Ereignis heraus spricht.

Das komplette Leben besteht sozusagen aus solchen Schwingungsmustern. Wenn wir uns mal unsere ganz normalen Sinne wie unser Hören, Sprechen, Sehen und Fühlen betrachten, dann erkennen wir, dass selbst diese Dinge nur Vibrationen sind. Auch unsere materielle Umgebung vibriert in ihrer Eigenbewegung. Ohne diese Bewegung würde unsere materielle Welt in sich zusammenfallen. Es ist wie unser Pulsschlag in unserem Körper. Hört er auf zu schlagen, vergeht der Körper.

Außer diesen extremen Schwingungsmustern, die uns ja nur in

In die richtige Schwingungsebene fallen

bestimmten Situationen befallen, lebt jeder einzelne Mensch nach seinen individuellen Schwingungen.

Manch einer mag es „Charakter" nennen, der sich irgendwann mal gebildet hat. Aber was ist denn eigentlich Charakter, oder woraus setzt sich dieser zusammen?

Nehmen wir mal an, dass wir schon ewige Leben hinter uns haben. Diese vielen Leben haben etwas in uns bewirkt. Gute und weniger schöne Erlebnisse prägten unsere Grundstruktur. Als wir dann in dieses Leben eintraten, „atmeten" wir synchron die Schwingungsfrequenz des Geburtsmoments[4] und der neuen Familie ein. Hauptbestandteil unseres neuen Schwingungsmusters sind aber die „Hypnosen", die uns in der Kindheit einprogrammiert wurden.

Kennen Sie den Spruch: „Der Erfolg wird uns in die Wiege gelegt"?

Wenn wir uns diesen Spruch zu Gemüte führen, erkennen wir nun auch, warum die eigenen Kinder oft in die Fußstapfen ihrer Eltern steigen. Ihnen ist das Hauptkriterium in die Wiege gelegt worden. Ebenso ergeht es dem Nachwuchs von Personen, die dem Alkohol verfallen sind oder die sich in dieser Welt nicht zurecht finden wollen.

Manchmal erscheinen aber auch recht starke Individuen auf der Bildfläche, die sich allem Anschein nach aus der „Gosse" emporarbeiteten. Diese Menschen haben es verstanden, die „unterste" Schwingungsebene zu verlassen. Sie änderten ihre Schwingungsfrequenz des Aufgebens und wandelten diese in eine Energie des Beharrens und Schaffens um.

---

[4] Die Zeit des Eintretens in dieses Leben ist mitbestimmend für die weitere Entwicklung eines jeden Individuums.

Jedes lebendige Wesen hat die Kraft oder die Möglichkeit, seine Energie seinen Bedürfnissen anzupassen, ganz gleich welche Programmierungen oder Hypnosen im Moment wirken. Fassen wir einmal den Entschluss uns zu ändern, so tritt die neue Wirkung in Kraft und ersetzt die alte Gewohnheit. Aber bei allem, was wir machen, entscheidet die Erkenntnis. Ohne irgendeine Erkenntnis von außen oder von innen arbeitet die gewohnte Vibrationsebene unbewusst mit uns und alles bleibt beim Alten.

Fassen wir mal zusammen:

Unser unmittelbarer oder jetziger Charakter[5] setzt sich aus der Summe der erlebten Leben, der Schwingungsfrequenz des Geburtsmoments, der Hypnosen oder Programmierungen aus unserer Kindheit und der jetzigen Schwingungsebene zusammen.

Andere Menschen oder Dinge[6] können Schwingungen aussenden, die wir dann aufnehmen können. Harmonieren diese mit uns, dann nehmen wir für einen Moment diese extremen Schwingungen auf. Jedoch wirken sie nur kurzweilig auf uns ein. Geschieht dies aber öfter, dann kann sich unsere Schwingungsfrequenz ändern, zum Positiven, als auch zum Negativen.

Leben wir aber bewusst und haben die Erkenntnis von diesen Schwingungszuständen, dann können wir diese Muster durch neue ersetzen. Ein Therapeut oder ein guter Freund wäre dabei von großem Nutzen, es kommt immer darauf an, wie groß der Ballast ist, den wir loswerden möchten.

Ein schönes Beispiel dieser Schwingungszustände, die in jedem Individuum wirken, sendete mir Ina Wanders zu.

---

[5] Charakter = Schicksal
[6] Zum .Beispiel. unsere Medienlandschaft

Das Leben kommt zurück

Melancholie. Verzweiflung. Erschöpfung. Und doch ein kleiner Funken Hoffnung. Aufgeben? Nein, niemals! Doch was tun, wenn sich das Gefühl von Einsamkeit und Trauer so sehr in den Alltag einschleicht, dass man nicht einmal mehr in der Lage ist, sich dazu zu motivieren, morgens aufzustehen, geschweige denn, sich auf seine Arbeit zu konzentrieren? Wenn der Antrieb fehlt und die Welt so schwarz erscheint, als sei sie von einer riesigen, dunklen Wolke umgeben; wenn das Leben so aussichtslos erscheint und man keine Ziele mehr hat; wenn Freundschaften aufgrund von sozialem Rückzug zerbrechen – was dann?

*

„Was schaust du denn so betrübt?", „Lach doch mal!", „Kannst du nicht einfach mal normal sein?" Ein Tag wie jeder andere. Grinsende Gesichter und Sprüche, auf die ich gut verzichten kann. Ja, sie deprimieren mich noch mehr! Keiner dieser Leute, die mir so begegnen, wird sich jemals ernsthaft gefragt haben, was mit mir los ist, wieso es mir so geht oder ob es Sinn machen würde, einen Schritt auf mich zuzumachen.

Oberflächlichkeit und Verständnislosigkeit, von einigen ja sogar spöttische Blicke, Sticheleien und Beschimpfungen bis hin zur völligen Ausgrenzung. Habe ich es verdient? Weil ich anders bin? Ja, habe ich! Wertlos bin ich, denn ich kann weder lachen, noch auf andere Menschen zugehen. Ich bin allein, weil es so sein muss. Ich bin einfach nicht fähig genug, um in diese Welt zu passen. Und ich möchte es auch gar nicht, denn diese Welt ist mir zu oberflächlich, von Lügen durchzogen und von Gerechtigkeit keine Spur.

Doch, ich habe mich bemüht, aber irgendwann ist Schluss!

22

Abgestoßen wie ein Fremdkörper. Weggewischt wie eine Träne. Ungern gesehen, wie der Regen. Das bin ich.

Einfach nur akzeptiert zu werden; einmal wirklich glücklich zu sein, ohne auch nur einen einzigen negativen Gedanken im Kopf – das ist es, was ich erleben möchte, nur einmal! Ist das wirklich zuviel verlangt? Nicht einmal die Musik macht mir mehr Spaß! Dabei war das Singen und Musizieren doch immer mein Lebensinhalt! Doch es ist schon lange vorbei... Seit Jahren quäle ich mich so. Ist es das wirklich wert? Alles beenden, raus aus diesem Leben, hinein in eine schönere, hellere Welt, wo mir keiner etwas anhaben kann, wo ich unerreichbar bin... Ja, das wünsche ich mir! Weg von dieser Welt – was ich führe, ist kein Leben mehr. Es ist die reinste Qual, Tag für Tag. Ich schaffe es nicht, ich schaffe es wirklich nicht. Ich werde da nicht herauskommen aus diesem Tief.

*

„Streng' dich an, du musst doch dein Abi schaffen!", immer wieder muss ich es mir anhören. Ist das denn das einzige? Leistungen erbringen – und was ist mit mir? Es interessiert niemanden, wie es mir geht. Ich bin allein.

Nun gut, ich werde wohl zu einem Neurologen gehen. Irgendwie muss ich die anderen ja ruhig stellen, damit sie mich wenigstens für eine Zeit lang in Ruhe lassen.

„Ich glaube, ich leide unter Depressionen. Ich habe keine Hoffnung mehr, es ist so aussichtslos! Nicht mal mehr schlafen kann ich, die Gedanken holen mich einfach immer wieder ein. Ich liege lange wach und denke und denke und denke und denke... Über mein Leben, über die Gesellschaft, über den Tod..." - „Haben Sie Suizidgedanken?" - „Wenn ich ehrlich bin, denke ich sehr oft über dieses Thema nach, ja".

In die richtige Schwingungsebene fallen

*Nun, die Diagnose lautet also „Depressionen, dissoziative Stö-
rungen und latent suizidgefährdet". Na prima. Und jetzt habe
ich dieses Antidepressivum in den Händen und kann mir nicht
vorstellen, dass es etwas an meinem Gefühlsleben verändern
kann. Aber gut, ich werde es nehmen.*

*Ein Funken Hoffnung, ein Wunsch, ein Traum, der wie eine
Seifenblase geplatzt ist. Sechs Wochen sind vergangen und es
ist keine antidepressive Wirkung eingetreten. Ein neues Medikament, wieder ein kleiner Lichtblick – und wieder eine Enttäu-
schung. Es scheint keine Hilfe zu geben.*

*

*„Mama, ich glaube, ich möchte es mit einer Therapie versu-
chen, ich komme so einfach nicht weiter." - „So ein Quatsch,
du musst doch nicht zum Psychologen, du bist doch nicht verrückt!"*

*Wieder einmal diese Verständnislosigkeit. Verrückt? Was hat
das mit „verrückt" zu tun? Ich glaube, ich werde in dieser Welt
wirklich irgendwann wahnsinnig, wenn das so weiter geht! Auf
Unterstützung darf ich nicht hoffen, ich muss es alleine schaffen. Also werde ich einen Termin ausmachen, eine Empfehlung
für einen guten Psychotherapeuten habe ich ja schon vom Neurologen bekommen.*

*Die folgenden Stunden in der Psychotherapie sind relativ gut
verlaufen. Mein Therapeut ist sehr sympathisch und gibt mir
das Gefühl, doch gar nicht so wertlos zu sein, wie ich es immer
dachte. Es hat zwar lange gedauert, aber inzwischen kann ich
aus einer völlig anderen Perspektive auf mein Leben schauen.
Ich lerne sehr viel über mich selbst; lerne, mich zu verstehen;
zu verstehen, weshalb ich wie handle und reagiere.*

24

Wir, mein Therapeut und ich, arbeiten meine Kindheit auf, weil sie sehr viel dazu beigetragen hat, dass es mir heute so schlecht geht. Meine Vergangenheit werde ich nicht mehr verändern können, das ist klar. Doch ich kann lernen, sie zu verarbeiten. Ich stecke mitten drin. Endlich verstehe ich, warum ich mich so ungeliebt und minderwertig fühle. Ich kann nun nachvollziehen, warum ich niemandem mein wahres Ich zeigen mag, wieso ich meine Gefühle nicht jedem offenbaren kann und will. Simpel gesagt: Es ist eine Schutzfunktion. Denn die Angst, verletzt und verlassen zu werden, steht bei mir ganz oben. Sie begleitet mich täglich, wenn auch oft unbewusst. Aber sie ist da, sie zerfrisst mich. Doch man kann dagegen ankämpfen, sie bewältigen! Wenn ich kämpfe, werde ich es irgendwann schaffen! Ja, ich bin wieder voller Hoffnung – doch auch da ist sie wieder, die Angst, enttäuscht zu werden. Es ist genau das gleiche wie mit den Tabletten. Zuerst dachte ich, oder besser gesagt, ich habe es mir eingeredet: „Ja, das Medikament wird mir helfen und es wird mir wieder besser gehen".

Doch ich wurde jedes Mal enttäuscht. Acht Antidepressiva in einem Jahr – und keines hat gewirkt. Inzwischen ist mir klar geworden, dass die Tabletten alleine nicht helfen können, denn sie sind lediglich dafür gedacht, meine Stimmung ein wenig auszugleichen. Denn wenn ich psychisch etwas stabiler bin, ist es einfacher, meine Angst in den Griff zu bekommen und in der Therapie aufzuarbeiten, was mich deprimiert. Einfach erzählen, was mit mir los ist und wie ich mich fühle, das war kaum vorstellbar für mich. Aber mein Psychotherapeut hat mir tatsächlich dabei geholfen, diese Hemmungen zu überwinden. Das gilt ebenso für andere Bereiche in meinem Leben. Ich habe wieder ein bisschen mehr Motivation und habe sogar wieder damit angefangen, Musik zu machen!

Langsam finde ich wieder Freude am Singen, kann mich entfalten, indem ich kreativ bin. Das konnte ich so lange nicht, weil mich die Depression nieder drückte und gefangen hielt. Ein Käfig, aus dem man nur schwer ausbrechen kann. Noch immer befinde ich mich in diesem Käfig, allerdings traue ich mich nun, wenn auch selten, aus ihm herauszukommen. Ein Schritt zurück ins Leben.

Ich falle oft zurück, zurück in dieses tiefe schwarze Loch, wie vor ein paar Jahren. Der Unterschied ist, dass es mir mit Hilfe der Therapie möglich ist, was vor einigen Jahren ja nun nicht der Fall war, den Regen und den Sturm abzuschalten. Zeit. Zeit ist so wichtig! Wichtig, um zu verstehen und zu lernen, wichtig, um sich über den Inhalt seines Lebens klar zu werden. Wenn man Ziele hat, kann man kämpfen – und man weiß, dass es sich lohnt zu kämpfen. Und genau dieser Kampf, so schwer er auch sein mag, ist der Schlüssel zum Leben. Je breiter und reißender der Fluss ist, desto größer und stärker muss die Brücke sein. Eine gute Brücke zu bauen, braucht Zeit. Das Ergebnis zeigt, dass die Brücke neue Welten eröffnet.

Das Leben kommt zurück!

© Ina Wanders aus 26129 Oldenburg

Wünschen, aber richtig

W as wäre, wenn ich dies oder jenes hätte, wäre ich dann glücklicher? Was brauche ich denn wirklich? Mir fehlt im Moment eine Freundin oder ein Freund und ich bin extrem bestrebt, mir diesen Wunsch zu erfüllen. Was soll ich mir nun wünschen? Soll es eine bestimmte Person sein oder eine mit bestimmten Eigenschaften oder Vorzügen? Könnte es ein Mensch sein, der genauso ist wie ich?

Nehmen wir mal an, wir begehren einen Menschen aus unserem Bekanntenkreis. Wir haben ihn schon ein paar Mal gesehen, vielleicht sogar mit gesprochen. Im ersten Moment sind wir vielleicht verzückt, und je öfter wir mit dieser Person zusammentreffen, desto stärker wird das Gefühl der Verbundenheit. Irgendwann nehmen wir an, dass sich die Liebe bei uns eingenistet hat. Aber kennen wir die Person, die wir anbeten?

Im Taumel unserer Liebessehnsucht erkennen wir nicht den wahren Charakter dieses Individuums und merken gar nicht, dass er mit dem unserigen nicht harmonisiert. Trotzdem verfallen wir den Verführungskünsten und wünschen uns nichts anderes, als diesen Menschen zu „besitzen".

Dann ist es soweit. Unser Wunsch wurde erhört und wir heiraten den Wunschpartner. Am Anfang schwebt man im siebten Himmel, und nach einigen Monaten kehrt der Alltag ein. Plötzlich tauchen Probleme auf, die man vorher nicht so gesehen hatte. Die Gegensätzlichkeiten sind einfach zu groß, und man wünscht sich die anfängliche Euphorie ganz weit weg. Doch leider kann man diese Lebensszene nicht von sich schütteln. Irgendwann ist es dann zu Ende und man trennt sich im gegenseitigen Einvernehmen.

Nun ist man wieder alleine, und irgendwo im Kopf regt sich das Gefühl, wieder mal einen Partner an seiner Seite haben zu wollen. Nur sollte es diesmal jemand sein, mit dem man bis zum Rest seiner Tage glücklich sein möchte.

Da man im Moment sich selbst zum besten Freund hat und niemand so tolle Eigenschaften hat wie der eigene Kern, wünscht man sich nun einen Partner, der genauso sein sollte wie sein eigenes Ich.

Nach einigen Wochen trifft er einen Menschen, der ihm auf Anhieb sympathisch erscheint. In Gesprächen erkennen sie ihre Gemeinsamkeiten in ihren Interessen, Gewohnheiten und im natürlichen Temperament.

Das muss der Glückstreffer sein, denkt er und sie entschließen sich, gemeinsam alt zu werden. Probleme entwickeln sich kaum, und jeder weiß sofort, wie er sich gegenüber dem anderen verhalten soll, da sie beide vom gleichen Schlag sind. Es gibt keine Geheimnisse, und irgendwie verläuft das gemeinsame Leben wie im Trott. Höhe- und Tiefpunkte erscheinen selten, und eigentlich hätte man zufrieden sein sollen.

Doch gerade in einer Partnerschaft sind es diese Hoch- und Tiefpunkte, die wie das Salz in der Suppe die Gemeinschaft befruchten. Bei zuviel Salz ist die Suppe ungenießbar und bei zuwenigem würzt man lieber noch etwas nach.

Der Wunsch sollte so definiert werden, dass man sich nur das Beste für seine Person wünscht. Den groben Umriss also. In diesem Fall hätte man sich jemanden wünschen sollen, der mit seinen Gegensätzlichkeiten unsere Eigenschaften ergänzt. Nur wenn sich fremde Eigenschaften miteinander harmonisch ergänzen, dann kann etwas Neues daraus entstehen. Der Mensch ist ein Wesen, das neuartige Lebenserfahrungen benötigt, um zu wachsen. Langweilige und triste Geschehnisse geschehen zuhauf und werden uns nicht weiterbringen.

Diese Situation, aber mit einem etwas anderen Kontext, beschreibt Cornelia Koepsell in ihrer folgenden Geschichte auf hervorragende Weise.

Das erste Mal

Annas' fünfzehnter Geburtstag lag vier Monate zurück. Es war immer noch nicht passiert. Sie traute sich nicht, den Mädchen ihrer Klasse unter die Augen zu treten. Alle ihre Mitschülerinnen hatten es hinter sich, lächelten wissend, kicherten, tuschelten. Anna stand abseits und trat von einem Fuß auf den anderen.

In der Tanzstunde wurde sie nie aufgefordert. Es gab einen Mädchenüberschuss. Anna ähnelte einer Zehnjährigen, kein Busen, kein Hintern, kein Schmollmund, ängstliche Augen. Nur ihre Beine glichen denen eines Rehs. Das Ideal der Jungen war Brigitte Bardot.

Das Schlimmste: sie war – bis heute – ungeküsst.

Anna beschloss den unwürdigen Zustand zu beenden. Am Wochenende würde sie bei der Freundin übernachten, mit ihr auf eine Fete gehen. Sie fand in einem Keller statt, bei Schummerlicht wurden Beatles gespielt, rund herum standen alte Sessel und Sofas.

Die Paare, die sich meist gerade erst gefunden hatten, standen eng zusammen und rieben sich aneinander im Takt der Musik. Es nannte sich tanzen und unterschied sich stark von dem, was in der Tanzstunde gelehrt wurde. Foxtrott und Walzer konnte Anna mangels Übung sowieso nicht. Das rhythmische Aneinanderreiben würde sie vielleicht schaffen. Allzu schwer sah es nicht aus.

Das Licht erlosch. Die Paare tasteten sich zu den Sitzgelegenheiten. Der Junge, mit dem Anna sich auf der Tanzfläche hin und herschob, dessen schwerer Kopf auf ihrer Schulter lag, seine Arme waren um sie gewickelt, er gefiel ihr nicht besonders. Jedoch musste sie es hinter sich bringen. Es war eine Frage der Ehre. Er war groß. Das Gesicht flächig. Seine Hände feucht.

„Es geht ums Küssen. Ich muss ihm nicht die Hand halten", tröstete sie sich. Das Licht erlosch. Schon vorher hatte er sie zum Sofa bugsiert. Anna spürte etwas Nasses auf dem Gesicht, ein Lappen oder so. Es dauerte eine Weile, bis er ihren Mund gefunden hatte. Annas' Gesicht war besabbert, so wie bei ihrem Hund, der es trotz Gegenwehr manchmal schaffte, ihr übers Gesicht zu schlecken.

Der Lappen schob sich in Annas' Mund, füllte ihn aus. Ihr Körper erstarrte. „Lieber Gott, hilf mir", dachte sie. Der Lappen rührte weiter. „Let it Be", sangen die Beatles. "Davon schwärmen sie alle", dachte Anna erbost. Der Junge hörte auf und schnaufte erschöpft vor sich hin.

Rund zwei Wochen später geschah es wieder. Ein neuer Junge. Er gefiel ihr. Sie konnte nicht genug kriegen. Schade, dass er so zugekifft war. Am nächsten Tag erkannte er Anna nicht.

Ein anderer Themenkomplex, der geradezu nach Erfüllung schreit, ist der des beruflichen Fortkommens oder die Befriedigung seiner geschäftlichen Interessen. Gerade in der heutigen Zeit, in der man mit negativen Suggestionen rundweg überschüttet wird, ist es schwer, einen kühlen Kopf zu behalten, um systematisch zum Ziel zu kommen.

Fast jeden Tag werden wir über die Medien mit der Angst konfrontiert, so dass sich beim gewöhnlichen Bürger die Resignation breitmacht. Die Folge ist ein lebenslanger Kampf mit einer Tätigkeit, die nicht seiner persönlichen Neigung entspricht. Manchmal verfügen die Menschen auch gar nicht über die Kraft, sich zu bemühen und nehmen dann den erstbesten Job an, der ihnen angeboten wird, auch wenn er weit unter Wert bezahlt wird. Doch ich frage euch: „Was sind wir uns denn wert?"

Wenn nämlich diese Ängste und Zweifel in uns vorherrschen, dann wird auch in unserer Wunschpräsenz diese Skepsis zur vollen Blüte ausgelebt. Plötzlich ist man mit einem Job zufrieden, der vor nicht allzu langer Zeit vehement abgelehnt worden wäre, entweder wegen der Verdienstmöglichkeit oder wegen der Arbeitsbedingungen. Das Problem in diesem Fall ist das schrittweise Abgleiten von den ursprünglichen Zielen.

Wenn wir Ziele haben und unsere Wünsche erfüllt haben möchten, dann sollten wir uns an die folgenden Regeln halten:

- Lösen Sie sich von Ihren Ängsten und Zweifeln. Wenn es sein muss, mit Hilfe eines Therapeuten.
- Planen Sie Ihre Wünsche bis ins kleinste Detail. Was brauche ich wirklich?
- Beharren Sie auf Ihre Ziele und gehen keine Kompromisse ein.
- Visualisieren Sie Ihren Wunsch in jeder freien Minute.

Er muss zu einem Bestandteil Ihres Lebens werden.
- Geben Sie nicht auf, auch wenn scheinbare Hindernisse auftauchen.

Denken Sie dran, dass wenn Sie sich an diese Regeln halten, immer erfolgreich sein werden, ganz gleich, was Sie sich wünschen oder was für Zielsetzungen Sie anstreben. Also, seien Sie vorsichtig mit dem Begehr, denn jedes neue Schicksalsspiel hat auch seine eigenen Tücken.

In der nächsten Erzählung geht es nach den Worten von Regina Schleheck um einen Beobachter einer weit berühmteren realen Person, der die Parallelen benennt und von seinen eigenen Wünschen spricht. Die "Erfüllung" der Wünsche ist wohl eher als ein Scheitern zu verstehen oder liegt noch ferner Zukunft.

Einzelstern

Ich liebe diesen Platz. Vor drei Jahren haben sie beschlossen ihn zu schließen, aber dann gab's wieder ein großes Hin und Her, Konkurs oder nicht, Privatisierung. Ich bin also immer noch hier. Lange wird's nicht mehr dauern. Dann mach ich meinen privaten Konkurs. Das Biest frisst sich weiter. Dabei spür ich gar nix davon. Noch.

Es ist wie im wirklichen Leben. Du stehst auf, machst deine Arbeit wie jeden Tag, und auf einmal heißt es, die Gesellschaft ist marode, es hat keinen Sinn mehr. Dabei steht alles noch da wie vorher. Die Gebäude, die asphaltierten Pisten. Im Westen nix Neues, im Osten nix Neues. Und irgendwie geht's ja auch immer weiter. Genauso guck ich jetzt in den Spiegel jeden Morgen. Da fragt man sich doch, ob es überhaupt noch Sinn macht, die Visage da zu rasieren. Lohnt doch gar nicht. Wurmfutter. Wenigstens dazu sollte man noch taugen. Verstrahlen lass ich mich nicht.

Als ich hier angefangen hab, sah das noch ganz anders aus. Damals gab's noch gar keinen Asphalt. Das kam erst mit den Siebzigern. Ich liebe diesen Geruch. Für mich gab's ja nie was anderes als diesen Job. Und abends die Kiste. Und was guckt man da anderes? Ich jedenfalls. Himmel, Sonne und Asphalt. „In the air tonight" von Phil Collins und dann der nachdenkliche Sony Crockett im weißen Sakko auf den nächtlichen Straßen von Miami. Oder die gezückten Pistolen, Rücken an Rücken. Die schnittigen Cabrios. Asphalt-Cowboys halt. Tagsüber die flimmernde Hitze über dem Asphalt. Die wabernden Wasserpfützen, alles Fata Morgana, klar. Man weiß es. Ist ja hier nix anderes. Und trotzdem hast du immer das Gefühl, du könntest hinlaufen und reintreten und es spritzt und tut einfach gut. Immer diesen Film im Kopf. Mir gibt das so ein Gefühl von Glück. Das ist einfach geil.

Oder San Francisco. Immer wenn die Flieger abheben, hab ich dieses Gefühl im Bauch, einmal steigst du in eins dieser Teile und dann hebst du ab in das Land der unbegrenzten Möglichkeiten: „I'm going to San Francisco". McKenzie hieß er, glaub ich. Immer wenn ich auf den flimmernden Asphalt gucke, hab ich diese Bilder im Kopf. Du kannst hier so weit gucken. In der Ferne hinter dem Baumrand gibt's ein paar Häuser, aber vor allem Weite. Und Himmel. So kann ich's gut aushalten. Dieser Geruch. Kerosin und Asphalt. Die Geräusche. Und dann die Bilder dazu im Kopf.

Die Bilder. Diese Geräusche.

Klar kann man tief fallen. Aber was soll's? Sieht man doch. Krepieren tun wir alle. Dann schon lieber als Sternschnuppe. Ist doch eh alles schnuppe.

Das Geräusch kriegt man nie mehr aus dem Ohr. Wie ein wassergefüllter Ballon, der auf den Boden klatscht. Von hinten sah er ja noch ganz manierlich aus. Aber als sie ihn rumgedreht haben, lieber Himmel. Seine Frau wollten sie gar nicht ranlassen.

Als die aus dem Twin-Tower gesprungen sind, das war das gleiche Geräusch. Ich weiß noch, wie ich da vor der Kiste gesessen hab und geschrieen hab, als es ploppte. Genau so klang es. Ich hab's ja gar nicht gesehen, sondern nur den Plopp gehört. Da konnte ich gar nicht mehr aufhören zu schreien, obwohl ich's gar nicht gesehen hatte.

War ja hinter meinem Rücken, ein paar hundert Meter hinten in der Gerste. Einen Einzelstern wollte er springen, hat er noch gesagt. Das hat er ja geschafft. Einmal Stern zu sein. Runter kommen alle früh genug. Im Grunde doch ein toller Abgang. Er wusste, dass sie seine Immunität aufgehoben hatten. Da hat er freiwillig den Ikarus gemacht.

Wenn mein Immunsystem kollabiert, kann ich's ja immer noch genauso machen. Einfach den Schirm wegschmeißen und dann ohne Netz und doppelten Boden.

Den Einzelstern halt.

© Regina Schleheck aus 51371 Leverkusen

Individuelle Wünsche

Jeder Mensch ist einzigartig und diese Besonderheit strickt für jeden Menschen ein eigenes und einmaliges Schicksal. Aber es ist kein willkürliches Aneinanderreihen von Erlebnissen, das auf den Menschen einwirkt. Jeder Charakterzug bzw. jeder Gedanke kommt aus der Vergangenheit und prägt die unmittelbare Zukunft. Wenn eine Person zum Beispiel einen bestimmten Weg wählen würde, dann könnte sein Leben einen ganz anderen Geschmack erhalten, als wenn er an dem Ort bleiben würde, an dem er sich befand. Aber warum wurde gerade dieser Weg ausgewählt?

Weil dieser Weg bestimmte Erinnerungen in ihm auslöst. In diesem Moment, zu dieser Zeit, konnte er keinen anderen Weg wählen, denn diese Person ist durch ihre erlebten Erinnerungen vorbelastet. Natürlich kann sich dieser Mensch nicht an diese Begebenheiten erinnern, doch wirken diese unbewusst in uns. So können positiv erlebte Geschehnisse einen zu dieser oder jener Tat beflügeln, während andere negativen Abenteuer ihn instinktiv davon abhalten würden.

Halten wir mal fest, jeder Mensch ist das Produkt seiner erlebten Erinnerungen. Denn erst durch die verschiedenartigen erlebten Episoden erstarkt der Mensch zu seiner jeweiligen Persönlichkeit.

Erlebnisse = Charakter

Dieser natürliche Mechanismus sichert uns unser Überleben. Denn einmal erkannte Fehler werden niemals wieder gemacht. Wenn wir uns mal die zukünftigen Erlebnisstrukturen irgendwelcher Menschen anschauen, dann werden wir erkennen, dass sich die heutigen Charaktereigenschaften bereits in der Kindheit manifestierten. Viele berühmte Geister waren auch schon in jungen Jahren von den Träumen beseelt, die sie in späteren Jahren berühmt machen sollten. Somit kommen wir zu dem Umkehrpunkt der gerade gemachten Feststellung.

Charakter = Erlebnisse oder „Schicksal"

Jede Persönlichkeit wird nur das in ihrem Leben ziehen, das auch im Charakter verankert ist. Dies ist ein völlig natürlicher Prozess, der in jedem Menschen wirkt. Alles was wir uns innerlich oder unbewusst ersehnen, erscheint aus unserem Charakter und dabei spielt es keine Rolle, ob der Wunsch uns schaden oder helfen wird.

Somit sollte auch nur das gewünscht werden, was aus unserem Innern kommt. Nur weil irgendein Mensch so wundervoll ist und wir ihn anhimmeln wie einen Star, heißt das noch lange nicht, dass wir genauso werden müssen wie er, denn das Individuelle, das in uns steckt, ist meist völlig verschieden von dem, was wir im Moment anhimmeln.

Was nutzt es uns, wenn wir uns etwas wünschen, was nicht zu uns und unserer Entwicklung passt. Grob ausgedrückt wäre es völlig unsinnig, wenn wir atheistisch veranlagt sind und uns wünschen, im Alter zum Papst gekrönt zu werden. Wenn wir uns etwas wünschen, dann sollte es schon sinnvoll sein und unsere Einzigartigkeit ergänzen.

Auch macht es keinen Sinn, sich etwas zu wünschen, was andere sich ersehnen. Wenn diese Wünsche nicht zu uns passen, werden wir im Nachhinein unglücklicher sein, als vor der besagten Erfüllung.

In der heutigen Zeit, in der die Angst regelrecht im Sekundentakt in den Medien propagiert wird, werden oft in einer Kurzschlusshandlung Berufe erlernt, die zwar im Moment den gewünschten Effekt erzielen und auch finanziell erstrebenswert erscheinen, doch irgendwann nicht mehr die gewünschte Befriedigung erzeugen.

Und so geht man meist neben seinem Beruf einer anderen Beschäftigung nach, in der man sich wirklich glücklich fühlt, und man nennt diese Beschäftigung „sein Hobby". Aber man quält sich weiter mit seinem Job, da diese Tätigkeit in den Augen der Allgemeinheit sinnvoll ist.

Nach über vierzig Jahren in einem mittlerweile gehassten Job, fällt ihm plötzlich auf, dass er sein geliebtes Hobby bereits im Kindesalter geliebt hatte, und jäh kommt ihm die Erkenntnis von seiner eigentlichen Berufung, die er leider vertan hatte, weil er sich die Wünsche seiner Mitmenschen angeeignet hatte und nicht auf seine ureigenen Sehnsüchte gehört hatte.

Darum möchte ich vorschlagen, dass man mit seinen Wünschen sorgsam umgehen sollte. Auch mit den sofort erkennbaren negativen Vorstellungen. In jeder Sekunde schwirrt uns etwas im Kopf herum, und man muss sich schon enorm anstrengen, um nicht mit einer eigenen verneinenden Suggestion konfrontiert zu werden.

Ebenso wie man sein normales Leben plant, sollten auch die Wünsche geplant werden und die Ängste und Zweifel, die mitunter die Wunschharmonie stören, können durch positive Wunschvorstellungen[7] übertönt werden. Jeder Plan sollte wirklich bis ins letzte Detail durchdacht werden. Welcher Maschinenbauer baut schon eine Apparatur, die nicht vorher von einem Konstrukteur, bis in jede, noch so kleinste Weise durchdacht worden wäre. Niemals sollte man sich von seinen Prob-

---

[7] Manifestation aus dem Nichts, Jürgen Berus, 2007, VierJahreszeitenHaus

lemen „auffressen" lassen. Probleme sind kein Todesurteil, sondern nur Aufgaben, die gelöst werden wollen.

Lassen Sie sich nun in die Welt von Stefanie Broller entführen, die ihre Geschichte auf eine besondere Art und Weise erzählt.

Mein Traum daheim – In Bremen zu Hause

Ich drückte mein Gesicht gegen die Fensterscheibe des ICEs, der mich nach Bremen fegen sollte –meinem Traum entgegen.

Seit ich den Zug betreten hatte, fühlte ich mich wie verändert. Irgendwie frei, erwachsen, sogar etwas draufgängerisch. Was eigentlich normal war bei mir, der Anti-Schüchternheit in Person; aber jetzt war es doch noch etwas lockerer, immerhin war ich seit kurzem Achtzehn, was hieß, eine richtige Frau, die man(n) ernst zu nehmen hatte. Und das wollte ich in meinem Tages-Trip ins schöne Bremen beweisen.

Tatsächlich hatte ich beschlossen, all den Mist, der in den letzten Jahren passiert war, hinter mir zu lassen. Vor allem den ätzenden Liebeskummer, der mich schon mehr als drei Jahre quälte. Aber nun gut, lassen wir das. Ich hab da eh schon viel zu viel sinnlose Gedanken, Zeit und Herz rein gesteckt.

Und in ein paar Stunden würde ich schließlich nicht nur die schönste Stadt Deutschlands besichtigen, nein, ich würde auch endlich zwei Mädels, die ich im Internet kennen gelernt hatte, gegenüberstehen. Und das hatten wir uns auch verdient. Ich meine, hallo?! Ich rede von richtiger Freundschaft, die sich hier entwickelt hat, und nicht von diesem oberflächigen Wischiwaschi, das man aus Chatrooms zu Genüge kennt, und wobei normalerweise Nichts weiter raus kommt, als haufenweise Lügenmärchen und gezwungenem Suchen nach Ähnlichkeiten.

Lügen gab es bei Kim, Marga und mir zum Glück von Anfang an keine Einzige. Und Gemeinsamkeiten fanden sich von alleine so viele, dass es wahrscheinlich eher nervig gewesen wäre, verkrampft nach noch mehr zu suchen. Und stundenlange Telefongespräche und Chats gaben mir schließlich den Mut, den Stein für meinen Lebenstraum ins Rollen zu bringen.

Passiert halt doch Nichts ohne Grund auf der Welt... wenigstens wusste ich jetzt, dass diese zähe, unglückliche Liebe zu diesem Werder-Fan-Trottel nicht umsonst gewesen war. Denn hätte es die nicht gegeben, wäre ich jetzt keine Werder-Verrückte und somit hätte ich dann weder Kim, noch Marga und Diego wäre wohl nie mein Vorbild geworden.

Der Gedanke, heute vor dem Training der Werder-Profis ein Foto mit ihm schießen lassen zu können, brachte mich erneut zum Lächeln, war aber schnell wieder vorbei, denn durch den Lautsprecher wurde der Bremer Hauptbahnhof angekündigt. Meine Endstation!

Ich riss die Augen so weit auf wie ich konnte. Nicht einmal wollte ich blinzeln, kein einziges Tausendstel des heutigen Resttages verpassen. Aber als erstes musste ich Marga anrufen.

„SOS, Südlicht ruft Nordlicht vom Bremer Hauptbahnhof!", kreischte ich atemlos in den Telefonhörer.

„Weeeerder!", kam es genauso quirlig zurück, „Breeeemen!" Prusteten wir gleichzeitig los.

„Gut, Marg...", begann ich nach einiger Zeit Lachduett. „...ich bin jetzt da, und hab keine Ahnung, wo ich als Erstes hin soll..."

„Ok, ab in Richtung Stadtmitte, dann zeig ich dir meine Hei-

mat, mein Leben!" Ich war echt überrascht, wie natürlich das hier war; und gar nicht so groß wie ich es mir vorgestellt hatte. Bremen war wirklich eine Stadt zum verlieben. Für mich genau richtig, wo ich doch nicht mal einen U-Bahn-Fahrplan entziffern.

Da wo ich herkomme –das ist ein Dorf mit 1262 Einwohnern– gibt es so etwas wie S- oder U-Bahnen nicht. Ja, bei uns gab es noch nicht Mal eine reguläre Buslinie, wo dich alle halbe Stunde ein Bus in die nächstliegende Stadt bringt. Nein, hier fuhren nur Schulbusse, und zwar zu verdammt gottlosen Zeiten. Tja, Bauernleben eben.

Jetzt nicht, dass ich wie ein Bauerntrampel rumlaufen würde, wir haben hier schließlich auch Style. Ich schaute stolz auf meine grün-weißen Chucks, die ich mir extra noch gekauft hatte. Wie auch immer, durch Bremen hab ich ganz entspannt gefunden. Und ich sag euch, die Sehenswürdigkeiten haben mir, jede für sich, ein fasziniertes Lächeln auf die Lippen gezaubert.

„Hey, Jungs!" Ich hob den Kopf und grinste völlig übertrieben in zwei hübsche Gesichter. „Wollt ihr ein Foto mit mir machen?", fragte ich und hielt der erst Besten, die irgendwo hinter mir stand, um ebenfalls ein Autogramm von Martin Harnik und Peter Niemeyer zu ergattern, auffordernd meine Digicam hin.

„Klar!" Peter schubste Martin auf die linke Seite und warf sich rechts von mir in Pose. „Lady in die Mitte...Cheese..."

Ich stand da wie paralysiert, und schwebte im Freudentaumel über mein erstes Erinnerungsfoto. Mein Blutdruck stieg so schnell, als wäre ich die 800m aus dem Sportunterricht gesprintet und nicht wie üblich gejoggt. Diese ersten paar Minuten auf dem Werder-Parkplatz...besser ging's nicht!

40

„Hey, schau, da kommt Ivan Klasnic...machst du ein Bild von mir mit ihm?", fragte das Mädchen, dass gerade mich fotografiert hatte, und mir diesmal ihre Kamera entgegenstreckte.

Mit offenem Mund und vor Begeisterung weit aufgerissenen Sternchenaugen starrte ich ihn an. Meinen „Killer", ganz live, ganz echt, das Original. Ich betone das so, weil ich immer fand, dass mein Ex-Schwarm, sehr viel Ähnlichkeit mit dem Kroaten aufbrachte. Deshalb nannte ich den auch immer liebevoll meinen „kleinen Klasnic". Aber das nur nebenbei.

Ich nickte die Fotografin nett an, knipste ein, zwei schöne Bilder von ihr und ihrem Lieblingsspieler, bevor ich selbst auf Ivan zukam. „Hast du noch Zeit für ein weiteres Foto?", fragte ich schüchtern.

Nicht, dass ich rot wurde, aber etwas Schwierigkeiten hatte ich schon, ihm in die Augen zu sehen. Nicht, weil er Ivan Klasnic war, sondern viel mehr, weil mein ... Ivan Klasnic noch viel mehr ähnelte, als angenommen.

Ich bin krank, lautete meine ärztliche Analyse. Und unterbewusst fand ich mich schon mal damit ab, dass ich wegen Liebeskummer, und Wahnvorstellungen, bis zum Lebensende auf dem Sofa eines Seelenklempners liegen würde...

Oder, wenn sich der Liebeskummer doch noch verkrümeln würde, höchstwahrscheinlich wegen positiver Überraschungen, über die ich heute beinahe minütlich stolperte. Eben in genau so kurzen Zeitabständen, wie die restlichen Werder-Stars eintrudelten...

Während ich also weiterhin auf meinem „Kneif- mich- bittenicht- Trip" war, und wie robotergesteuert Fotos mit meinen grün-weißen Lieblingen knipsen ließ, fuhr schließlich auch

Diegos Porsche vor. OMG!!!
Ok, Frage: Was machst du, wenn der deiner Meinung nach Beste der Besten vor dir steht?

a) *Sag ihm, dass Schicksal hätte dich zu ihm geführt, aber versuch nicht ganz so knallrot und detailliert dabei zu werden.*

b) *Schmeiß dich vor seine Füße und mach ihm klar, dass du dich nicht ehr rühren würdest, ehe er dir nicht ein Autogramm mit der süßesten Widmung, die er jemals geschrieben hatte, gab.*

c) *Verwickle ihn in ein Gespräch. Mach ihm klar, was du alles über Fußball weißt, damit er dich nicht für ein verrücktes Groupie hält*

d) *Bleib ganz cool, tu Nichts. Warte bis er auf dich zukommt, dich mustert und lächelt, weil du der sympathischste Fan bist, der ihm je über den Weg gelaufen ist*

Schnell entschied ich mich für einen Mix aus b) und c), alles Andre war auch gar nicht meine Art. Ich warte doch hier nicht wie bestellt und nicht abgeholt...soweit kommt's noch! Schließlich hab ich ganze eineinhalb Jahre auf diesen Augenblick gewartet.

Ich redete von einen auf den nächsten Moment los wie ein Sprudelwirrwarr, das den Niagara-Wasserfällen glich. Und dann entgleisten mir die Gesichtszüge. Diego hörte zu...interessiert.

„...and last Friday it was my birthday...and do you know what? This is the very best present I ever get!! To meet you, talk to you, and hold your hand..." Ich patschte mit meinen Fingern auf seinem Handrücken herum. Peinlich! Was war bloß in mich gefahren? „...it's like a dream...no better: it's like dreams come true!"

„Feliz Aniversário!", war seine Antwort.

Erst atmete ich so schnell, dass ich, wenn es mir nur irgendwie möglich gewesen wäre, zweimal gleichzeitig nach Luft geschnappt hätte, dann blieb mir die Spucke weg. Stopp! Zurückspulen!! Und jetzt noch mal ganz langsam: Diego Ribas da Cunha hatte mir, mir, einem für ihn quasi unbedeutendem Nichts, „Alles Gute zum Geburtstag!" gewünscht!!! Wow, o- berwow, megawow...einfach bom-chicka-wow-wow!!!!

„Thanks!" Ich stotterte. Und noch dazu verkrampften sich meine Lippen wieder zu diesem Honigkuchenpferdestrahlen, dass sich bis zu den Wangenknochen hochzog. Und ausgerechnet jetzt musste ich nach einem Foto fragen. Klasse, Steffi, Danke, perfektes Timing!

Obwohl ich gestehen muss, dass das unangenehme Ziepen zwischen Ober- und Unterkiefer wirklich nur ich gespürt habe. Auf dem Foto ist davon jedenfalls, Gott sei Dank, Nichts zu sehen. Und dass ich mich an den Moment des Abknipsens gar nicht mehr erinnern kann ist auch normal, oder?!

„Da bist du ja!!", schrie ich wie am Spieß. „Na endlich!!" Stürmisch fiel ich ihr in die Arme. Gewartet bis sie aus ihrem quietschgelben Lupo ausgestiegen war, hab ich nicht. Noch eine Minute länger warten und ich wäre auf der Stelle umgekippt und gestorben.

Ich hackte mich bei ihr unter und gemeinsam hopsten wir zum Sportplatz. Trainingsbeginn: In fünf Minuten. Jetzt fehlte nur noch Kim, und dann war wirklich Alles perfekt...

Genau in dem Moment spürte ich zwei kleine Hände, die sich von hinten auf meine Augen drückten. „Kiiiiiim!!" Meine Stimme war ehr ein Kreischen, als ein übliches „Moin moin!"

Noch bevor ich mich vollständig zu ihr umgedreht hatte, landete ich in ihren offenen Armen. Offene Arme, die mir ein wahnsinnig geborgenes Gefühl gaben. Eben doch nicht nur Fake diese Internetfreundschaften.

Noch das gesamte Training über war ich hyperaktiv. Ich klatschte in die Hände wie ein kleines Kind, das sich auf seine Geburtstagsfeier freut.

„Sagt mal, hab ich euch schon mal gesagt, dass der Norden mir richtig gut tut?", fragte ich nach einiger Zeit plötzlich. Wir lachten. Ich glaube einfach über unsere seltendämlichen Grimassen. Und ich denke, das war der Moment, an dem unsere Freundschaft für mich real wurde; und mein Traum zu Ende geträumt war.

© Stefanie Broller aus 97320 Sulzfeld am Main

Nur nicht aufgeben

Viele Menschen sehnen sich nach Dingen, die in ihrem Umfeld fehlen. Vielleicht steht das Verlangen nach mehr Geld im Vordergrund oder man hadert mit seinem Schicksal, weil einem die natürliche Gemeinschaft abhanden gekommen ist, und da man über dieses und jenes grollt, ist dieser Missstand zu jeder Zeit in den Gefühlen präsent.

Irgendwann kann man dann gar nichts anderes mehr denken und fühlen. Man ist so in seinen negativen Schwingungsmustern gefangen, dass sehr selten etwas Positives geschieht, da man sich ja die ganze Zeit mit den Problemen beschäftigt und nicht mit dem, was man erreichen will.

Wenn wir uns nochmals die Sache mit der Schwingungsebene anschauen, so besteht das gesamte Leben aus verschiedenartigen Vibrationen. So wie unsere gesamte Materie in den mannigfaltigsten Zusammensetzungen in verschiedenen Schwingungsmustern vibriert, so oszilliert auch unser Inneres in den unterschiedlichsten Nuancen.

Das Innere wirkt sich immer auf unser Äußeres aus. Sei es durch äußere „Gebrechen" oder mit unseren Ereignissen, die uns in jeder Hinsicht begleiten. Dieses innere Bild können manche Menschen erspüren und wird in verschiedenen Kulturen als Aura bezeichnet.

Wenn wir zum Beispiel von einer Sache total überzeugt sind, dann ist es für uns so, und nichts wird uns erschüttern können. Ebenso werden auch die nachfolgenden Ereignisse mit diesen Gesichtspunkten geschmückt sein, und alles was dazu gehört, wird dadurch angezogen.

Stellen wir uns nur mal einen sehr zielorientierten Menschen vor, der hundertprozentig davon überzeugt ist, dass er jede schulische und berufliche Prüfung schafft.

Obwohl er aber kein guter Schüler ist und oftmals die Faulheit siegt, bewirkt er jedes Mal auf wundersame Weise, dass er, wenn es darauf ankommt, als Gewinner hervorgeht.

Ein anderer Mensch mag vielleicht Angst haben, sein mühsam erspartes Geld zu verlieren. Sicherheitsdenken hat für ihn eine große Priorität. Als er dann eines Tages in den Regionalnachrichten von diversen Einbrüchen in seiner Nachbarschaft hört, beginnt er darüber zu grübeln. Die Angst, dass ihm auch so etwas passieren könnte, verursacht ihm schlaflose Nächte. Täglich werden neue Sicherheitsstrategien entworfen, aber zufrieden ist er nicht.

Eines Tages, als er völlig erheitert von einer Feier nach Hause kommt, findet er seine Wohnung so vor, wie er sie sich manchmal vorgestellt hatte, als er seinen „negativen" Gedankenmustern nachhing. Seine Wohnung ist leer geräumt, ganz so, wie er es sich ausgemalt hatte. „Dein Wunsch ist mir Befehl", sagte der Dschinn, als er den ersten Wunsch erhörte.

Alles, und auch all unsere Ereignisse basieren auf solche „inneren Werte", die ausgelebt werden müssen. Jede Ursache erzeugt ihre Wirkung, und dies geschieht sowohl im Großen (über verschiedene Leben hinaus), als auch im Kleinen (im täglichen Lebenskampf).

Auch das Aufgeben geschieht im „Kopf". Zweifel machen sich breit, und woran man vorher noch geglaubt hatte, scheint sich nun ins Nichts aufzulösen. Möglich, dass andere Umstände oder Menschen eine Teilschuld haben, aber letztendlich entscheiden wir in unserem Geiste, und wenn wir in das negative

Schwingungsmuster hineintapsen und uns davon bezirzen lassen, dann ist das Aufgeben vorprogrammiert, obwohl wir es geschafft hätten.

Jeder kann jedes Ziel erreichen, egal mit welch einer Schulbildung oder aus welchem sozialen Umfeld man kommt. Dass es so ist, das beweisen uns die Babys, die alle ihre Standardziele mit Bravour meistern. Nach der Geschichte von Susanne Seider, die hier ihre wahre Wunschgeschichte vorstellt, werde ich etwas näher auf unsere Neugeborenen eingehen,

Niemals aufgeben, denn

Wer aufgibt, der hat schon im Voraus verloren

Der große Traum vom Fliegen

Die meisten Erinnerungen, die ich an meine Jugend habe, sind die des sprühenden Glücks und der tiefen Zuversicht. Das lag bestimmt nicht an äußeren Umständen. Ich hatte die ganze Palette typischer Probleme der späten Teenie- Phase, die einem jungen Mädchen das Leben zur Hölle machen können. Doch ich betrachtete diese Misere als vorübergehender Natur und war voller Vorfreude in Erwartung meiner prachtvollen Zukunft, die ich in endlosen Phantasien bereits als Realität erlebte. In meinen Träumen sah ich mich als Flugbegleiterin einer großen, internationalen Fluggesellschaft durch die ganze Welt reisen, ich stellte mir die prächtigen Länder und Städte vor, die ich sehen würde, und die interessanten Menschen, denen ich begegnen würde.

Je näher ich meinem Abitur und somit auch meinem Ziel rück-

te, desto größer wurden leider auch die Zweifel an meinen Träumen. Ich sah wenige Chancen, tatsächlich Flugbegleiterin werden zu können, denn die Stewardessen, denen ich bisher begegnet war, waren alle wunderschön. Ich selbst war, na ja, vielleicht süß, niedlich, mit viel Wohlwollen auch einigermaßen hübsch. Aber schön, nein, schön war ich nicht. Ich brauchte also einen anderen Plan, um meine Sehnsucht nach der großen Welt zu stillen.

Der Zufall kam mir zu Hilfe. Bekannte von mir suchten für eine befreundete Familie aus San Francisco ein deutsches Au-pair-Mädchen.

Ich nahm mit der Mutter der Familie, Laurie, telefonischen Kontakt auf und sehr schnell war alles geklärt. Laurie freute sich auf mich, und gleich nach meiner letzten Abiturprüfung würde ich mich auf den Weg nach Kalifornien machen, um ein Jahr lang Lauries kleinen Sohn zu betreuen.

Bald schon war es soweit. Meine Eltern standen am Abflugsgate in Frankfurt und winkten mir mit feuchten Augen, während ich mit angenehmer Wehmut und unglaublich freudigem Herzen zum Flugzeug lief. Als der große Airbus auf der Startbahn West mit donnernden Triebwerken abhob, da drohte ich vor Glück zu zerspringen. Endlich konnte das wahre Leben beginnen, und auch, wenn mein Jahr als Au-pair-Mädchen nur eine vorübergehende Lösung war, mein großes Fernweh zu stillen, so war ich doch sicher, dass mich das Schicksal von Kalifornien aus weiterführen würde, wohin das auch immer sein mochte.

Nun, das Schicksal führte mich tatsächlich, wenn auch nicht weiter, wie ich es erhofft hatte, sondern postwendend zurück nach Frankfurt. Bei der Zwischenlandung im US-Staat Pennsylvania hatten die Zollbeamten festgestellt, dass ich nicht das nötige Visum besitze, um ein Jahr lang in den USA zu bleiben. Und meine Eltern freuten sich sehr, mich schon am nächsten Tag wieder in die Arme schließen zu dürfen. Meine Glücksgefühle hielten sich dagegen in Grenzen. Die Zeit nach diesem Tagesausflug nach Amerika verbrachte ich im Bett, teils schlafend, teils mit Unmengen von Schokolade vor dem Fernseher.

Drei Wochen und vier Kilos später stand ich endlich wieder auf und entschied, zu handeln. Entweder ich würde eine Lösung finden, doch noch zu reisen, oder ich würde zur Freude meines Vaters brav auf die Uni gehen und etwas Anständiges lernen. Ich kontaktierte eine Au-pair-Agentur und sagte, ich würde alles tun und überall hingehen, Hauptsache weit weg. Vier Wochen später flog ich nach Süd Afrika. Ich hatte eine Stelle gefunden im Buschland in der Nähe von Johannesburg. Dort sollte ich ein Jahr lang Pferde pflegen und Reitsafaris für Touristen führen. Das klang nicht schlecht, denn ehrlich gesagt waren mir zu dieser Zeit Pferde wesentlich vertrauter und auch lieber als kleine Kinder. Und ich war gewillt zu glauben, dass es durchaus einen Grund für diese Wendung geben musste.

Mein Aufenthalt in Südafrika wurde fantastisch. Es war eine Zeit harter Arbeit, wundervoller Menschen und atemberaubender Reitsafaris.

Unsere Gäste waren hauptsächlich Flugzeugcrews der niederländischen KLM, der British Airways und der deutschen Lufthansa, die in ihren freien Tagen in Johannesburg den afrikanischen Busch auf dem Pferd erkunden wollten. Wann immer sich die Gelegenheit erbot, fragte ich die Crews nach ihrer Arbeit aus. Ihre Erzählungen ließen mein Herz höher schlagen, und immer größer wurde in mir die Sehnsucht, selbst zu fliegen. Melanie, eine der Lufthansa-Mädels, die ich besonders gerne hatte, erzählte ich von meinem großen Traum. Melanie meinte, ich sei genau der Typ für diesen Beruf und gab mir die Tele-

fonnummer einer Bewerbungshotline.

Ich genoss meine Zeit in Süd Afrika in vollen Zügen, und konn-te es gleichzeitig kaum erwarten, wieder nach Hause zu kom-men. Ich war fest entschlossen, mich bei der Lufthansa zu be-werben und hatte endlich wieder eine Vision für meine Zukunft.

Zwei Tage nach meiner Rückkehr nach Deutschland rief ich die Bewerbungshotline der deutschen Lufthansa an wurde prompt zu einem Vorstellungsgespräch eingeladen. Tagelang davor schlief ich miserabel, meine Gedanken drehten sich einzig um den bevorstehenden Termin. Ich hatte schreckliche Angst, mich zu blamieren, dumme Antworten zu geben, und vor allem nicht schön genug zu sein. So viel hing nun von diesem einen Ge-spräch ab. Alles, von dem ich jahrelang geträumt hatte, könnte sich endlich erfüllen. Oder für immer zerplatzen.

Auf der Zugfahrt nach Frankfurt zitterten meine Hände so stark, dass ich mir eine Tasse Kaffee über meine nagelneue Seidenbluse schüttete. Panisch versuchte ich, den Fleck auf der Toilette rauszuwaschen, und zurück blieb eine zwar saubere, aber hoffnungslos feuchte und zerknitterte Bluse. Und so ging ich noch nervöser, als ich es eh schon war, zur Lufthansa-Basis. Mindestens 20 junger Mädchen warteten dort mit mir zusammen auf das Bewerbungsverfahren.

Viel zu viele von ihnen waren wunderschön, und selbst diejeni-gen, die so normal aussahen wie ich, waren zumindest adrett und tadellos gekleidet. Eine Sekunde lang überlegte ich ernst-haft, einfach kehrtzumachen und wieder nach Hause zu fahren.

Stattdessen richtete ich meine Schultern auf, lächelte so strah-lend, wie es mir in diesem Zustand möglich war, absolvierte eine Teamaufgabe, löste mehrere Sprachtests und stellte mich den Fragen einer Firmenpsychologin.

*Eine Woche später bekam ich einen offiziell aussehenden Brief.
Die Lufthansa begrüßte mich darin als neue Mitarbeiterin.
Keine Worte der Welt können die Freude ausdrücken, die ich in
diesem Augenblick empfand! Ich würde bald eine Flugbegleiterin sein, trotz mittelmäßigem Aussehen und zerknitterter Bluse.*

*Mittlerweile sind es mehr als zehn Jahre, die ich in dieser Fir-
ma und in diesem Beruf arbeite. Manchmal ist die Fliegerei
unglaublich anstrengend und nervenaufreibend. Doch immer
ist sie wunderschön. Sehr häufig bin ich von einer tiefen Dankbarkeit erfüllt, dass ich das Glück habe, in einem Beruf arbeiten zu dürfen, der mich immer wieder aufs Neue begeistert.
Und ich bin davon überzeugt, dass ich dieses Glück alleine
dem festen Glauben an meine Träume verdanke!*

© Susanne Seider aus 76689 Karlsdorf

Nur nicht aufgeben

Ein Baby gibt niemals auf

Können Sie sich noch daran erinnern, wie es war, als sie als ein Baby die Welt erkunden lernten? Am Anfang lagen sie nur da und beobachteten das Geschehen, das sich vor ihnen abspielte. Dann, nach einiger Zeit, wurden sie immer kräftiger und begannen, die ursprüngliche Lage zu verändern. Sie wollten das, was sich außerhalb ihres Beobachtungswinkels ereignete, auch mitbekommen. Also setzten sie ihre ganze Kraft dafür ein, um aus eigenem Antrieb das Ziel zu erreichen.

Jedoch lag das erreichbare Ziel in weiter Ferne und es sah so aus, als ob sie es nie erreichen konnten. Doch darüber machten sie sich keine Gedanken. Das Gefühl, das sie dabei empfanden, war unbeschreiblich. Sie fühlten sich wohl und entwickelten eine helle Freude. Obwohl es äußerst schwierig war, steigerten sie sich bis zur Höchstleistung. Etwas war in Ihnen, das um jeden Preis gewinnen wollte.

Immer wenn sie hinfielen, rafften sie sich wieder auf, um es aufs Neue zu versuchen. Auch die größten Schmerzen hielten sie nicht davon ab. Aus einem Instinkt heraus wussten sie ja, dass sie es irgendwann schaffen würden.

Als sie dann die erste Etappe erreicht hatten und nun endlich krabbeln konnten, kamen weitere Sehnsüchte in ihnen hoch. Plötzlich wollten sie es ihren Eltern nachmachen. Sie strebten hoch hinaus und es gab niemanden, der sie von ihren Unternehmungen abbringen konnte.

Trotz der weiteren Fehlschläge, Plumpser und Schmerzen versuchten sie es immer wieder, bis sie eines Tages auf ihren eigenen Beinen stehen konnten. Die Freude war groß, als die Eltern sie lobten, und das Gefühl des Erfolgs ließ ihr ganzes Gesicht strahlen.

Die Erfolge, die sie in ihrer Kindheit erlebten, wurden niemals wieder in solch einem wunderbaren Licht gesehen wie damals, als sie das Laufen erlernt haben. Das Aufgeben oder das Zweifeln schien niemals zur Debatte zu stehen. Jeder Ausrutscher, jeder Fehlschlag wurde dazu benutzt, um mit noch stärkerer Kraft weiterzumachen.

Ein Baby gibt niemals auf

Und wenn sie sich mal überlegen, wie viele geistig und körperlich gesunde Menschen im Kindesalter nicht Laufen gelernt haben, dann werden sie verblüfft feststellen, dass es quasi niemanden gab, der nicht dazu fähig war. Alle hatten das gleiche Ziel und jeder hat es auf seine individuelle Art geschafft.

Als Schlussfolgerung kann ich hier guten Gewissens behaupten, dass dieser natürliche Zielmechanismus uns in die Wiege gelegt wurde und dass alle Menschen die gleichen Grundvoraussetzungen besitzen, um jedes Ziel zu erreichen.

Doch leider ist bei vielen Menschen dieser wunderbare Zielmechanismus abhanden gekommen. Teils durch Erziehung oder durch eine vollkommen unnatürliche Lebensweise, die heutzutage allzu üblich ist. Hinzu kommt ja auch noch die Angst zu versagen oder die Angst, die in den Medien prognostiziert wird.

Aber wenn wir die Überlegungen weiterführen, möchte ich sie

mal fragen, was uns denn von dem Wesen unterscheidet, das wir einst waren.

- Wir waren dieses Baby.
- Wir haben nicht aufgegeben, auch wenn wir hinfielen.
- Wir beharrten auf unser Ziel.
- Wir hatten die Erfolge.

Wenn schon ein Baby all seine Ziele und Träume verwirklichen kann, um wie viel mal mehr könnten wir unsere Ziele Wahr machen, denn wir haben viel mehr Möglichkeiten und Wissen, um auf einfachere Weise zur erhofften Sehnsucht zu gelangen.

Die folgende Anekdote von Gabriele Eder beschreibt ihre Erlebnisse, wie sie trotz Schwierigkeiten ihren Traum vom Studium verwirklichen konnte.

Wenn ich einmal groß bin

Wer kann sich noch an die Kommunikationsversuche der fremden, weniger fremden oder verwandtschaftlich verbundenen Erwachsenen mit der Generation unter 1 m Körpergröße erinnern? Noch im Kinderwagen begann es mit der blöden Frage nach der Identität "Ja, wer bist du denn?", fortgesetzt mit erzieherischen Maßnahmen "Nein, ich will die schöne Hand!"

Kaum konnte man auf eigenen Beinen stehen, folgte die Dompteurnummer: "Mach schön dein Knickserl!". Den Höhepunkt der traditionellen Verhörtechnik bildete die Frage nach dem Berufswunsch "Und was willst du einmal werden, wenn du groß bist?"

So wurde man bereits in frühester Kindheit gezwungen, seine Lebensplanung in Angriff zu nehmen. Ich wusste bald, was ich einmal werden wollte. "Sängerknabe!", tönte ich voll Begeisterung. Die jährlichen Sommerkonzerte der Wiener Sängerknaben, zu denen ich im Rahmen der Frühförderung (oder in Ermangelung eines Babysitters?) bereits mit drei Jahren mitgenommen wurde, waren an dieser Wahl sicher nicht unbeteiligt.

Nachdem mir weder Schutzengel, Himmelmutter und sämtliche Heilige zu Geschlechtsumwandlung und Sängerknabenstatus verholfen hatten, fand ich mich mit der Undurchführbarkeit dieses Wunsches ab.

Von da an wollte ich Heilige werden. Nicht umsonst hatte ich bei meinen innigen Fürbitten sämtliche Gebet- und Legendenbüchlein von Großmüttern und Großtanten bemüht. Dieser Wunsch fand bei meinen Erziehungsberechtigten größte Unterstützung, doch leider war mein Naturell ganz und gar nicht dafür geeignet.

Wild wie drei Buben zusammen, Karl May und Taschenmesser statt Mädchenbücher und Puppen, die Schrift wie Hühnerkrakeln, das Strickzeug ein undefinierbares schwarz-graues Gebilde - vielleicht hatte ich das Beten zu früh beendet?

Trotz dieser unmädchenhaften Attribute fand ich die Schule einfach toll. Inzwischen wusste ich auch, dass ich Ärztin werden wollte. Das erste Hindernis stellte sich mir nach der Volksschule in den Weg. In unserem Ort gab es nur ein Privatgymnasium, dessen Schulgeld für meinen Vater unerschwinglich war. Also hieß es. Ab in die Hauptschule. Meine armen Lehrerinnen tun mir heute noch leid.

Wenn ich schon nicht ins Gymnasium durfte, wollte ich wenigstens meinen Spaß haben. Und für den sorgte ich. Ich denke, ich war das erste Mädchen, das eine Betragensnote ausfasste- und das als Lehrerkind!

Als ich vierzehn Jahre alt war, tagte der Familienrat: "Wohin jetzt mit ihr?" Meine Stiefmutter plädierte verbissen für eine Handelsschule. "So eine Büromamsell hat's doch gut. Ich wäre froh gewesen, hätte ich das lernen dürfen!" "Ich hasse Steno und Maschinschreiben!", sträubte ich mich gewaltig. "Da flieg ich sicher schon bei der Aufnahmsprüfung durch!" Dass ich das ohne weiteres bewerkstelligen könnte, war der Familie bewusst. Mein Vater offerierte mir ohne allzu große Begeisterung die Haushaltungsschule, an der er so gräuliche Fächer wie Buchhaltung und kaufmännisches Rechnen unterrichtete.

„Lieber geh ich betteln, als in deine Knödelakademie!" Ich denke, er war nicht böse, als ich diesen Vorschlag als gänzlich unannehmbar ablehnte. Er wusste schließlich, wozu seine Tochter in der Schule fähig war. Rettung kam in Person von Tante Grete. „Wie wäre es, wenn sie zu mir auf die Lehrerbildungsanstalt käme?"

Zuerst zog ich eine Schnute „Lehrer, oh Gott! Die sind nur zum Sekkieren. Außerdem gibt es in unserer Verwandtschaft schon viel zu viel von der Sorte!" Doch plötzlich spitzte ich aufmerksam die Ohren. Hatte Tante Grete da nicht etwas von Matura erwähnt. Da könnte es vielleicht doch noch was mit dem Studium werden. In Zeiten des Lehrermangels muss man den Nonnen ja nichts von diesen Plänen erzählen.

Die nächsten fünf Jahre lernte ich nun, wie man den lieben Kleinen Lesen, Schreiben und das 1x1 beibringt und hatte sogar großen Spaß dabei. Nach einigen Gastvorlesungen bei Prof. Assperger – wir waren für diese Zeit wirklich eine fortschrittliche Schule – überlegte ich sogar Medizin und Psychologie zu kombinieren oder zu tauschen. Doch es kam ganz an-

57

ders. Matura war geschafft, für die Medizin kam das endgültige Aus. Inzwischen hatten sich nämlich zwei Stiefbrüder eingestellt und da war für die große Schwester kein Studium mehr erlaubt. Als junge Lehrerin landete ich, wie damals üblich, an einer Dorfschule.

Zu den Kindern fand ich gleich einen guten Draht, die starre Lehrerhierarchie machte mir da schon mehr zu schaffen, doch die Freude am Unterrichten überwog. Die Freizeit gehörte dem Sport - was will man auf dem Lande auch anderes tun? - und dabei lernte ich meinen zukünftigen Mann kennen. Und er war mir dann doch wichtiger als ein paar Vorlesungen nebenbei.

Die nächsten dreißig Jahre war ich mit zwei Kindern, Haushalt und Schule mehr als beschäftigt. Ab und zu dachte ich noch an das Studium - "Wenn die Kinder groß sind, ...",- aber irgendetwas kam stets dazwischen. Bis plötzlich der Pensionsbeginn vor der Tür stand. Einerseits freute ich mich darauf – 35 Dienstjahre hinterlassen schon gesundheitliche Spuren - andererseits konnte ich mir beim besten Willen nicht vorstellen, von nun an nur mehr mit Haushaltsdingen beschäftigt zu sein.

Die Söhne waren bereits ausgeflogen, mein Mann, der an Parkinson litt, benötigte zwar Betreuung, aber nicht 24 Stunden am Tag. Gemeinsam mit ihm überlegte und grübelte ich und dann wagte ich den Sprung ins kalte Wasser: ich inskribierte auf der Salzburger Uni. Natürlich nicht mehr Medizin. Pädagogik, kombiniert mit Psychologie, schien mir gefahrloser.

Wie habe ich mich vor den ersten Tagen gefürchtet. Was werden die Jungen sagen, wenn so ein altes Fossil mit im Hörsaal sitzt? Die Professoren werden verwundert die Denkerstirnen runzeln, ich werde mich bis auf die Knochen blamieren! Was mache ich, wenn mein Hirn nicht mehr mitspielt? Inzwischen weiß ich, dass alle Erstsemester zuerst einmal die Schafszeit durchlaufen, in der man ängstlich blökend einfach den anderen Schafen nachläuft und hofft, irgendwie an die richtigen Futterstellen zu gelangen. Aber ein Seniorenschaf trägt nicht nur das Doppelte an Jahren, sondern ein Vielfaches an Ängsten unter seinem Pelz spazieren. Doch dann stellten sich alle meine Befürchtungen als grundlos heraus.

Die jungen Leute sind vorurteilsfrei, nehmen dich so wie du bist – es war wirklich eine Freude mit ihnen beisammen zu sein. Und die grauen Zellen hielten auch mit. Manchmal war es schon anstrengend mit den Öffis vom Land in die Stadt zu kommen. Wenn man in totaler Finsternis um sechs Uhr früh wegfahren musste, um das Seminar um 8.30 zu erreichen oder wenn man zum x- ten Mal nur mehr die Rücklichter des Intercity sah, weil die Lokalbahn Verspätung hatte und man schon wieder eine zusätzliche Stunde auf dem zugigen Bahnhof herumstand.

Kurz vor Abschluss unterbrach ich für zwei Jahre das Studium, der Gesundheitszustand meines Mannes hatte sich leider verschlechtert. Es war vor allem der geistige Verfall, der alle bedrückte, die Betreuung so anstrengend machte. Ich wollte ihn keinesfalls in ein Pflegeheim abschieben, doch als ich selbst auf der Intensivstation landete, blieb nichts anderes übrig. Ich lag noch im Krankenhaus, als ich von seinem Tod verständigt wurde.

Die nächsten Monate waren von Trauer und Vorwürfen ausgefüllt – „ich hätte das Heim verhindern müssen" -, an die Uni verwandte ich keinen Gedanken. Bis sich eines Tages eine Freundin und Studienkollegin meldete. Auch sie hatte vor zwei Jahren durch einen tragischen Unfall ihren Mann verloren und wollte ihr Studium aufgeben. Damals habe ich sie zum Weitermachen motiviert, jetzt versuchte sie dasselbe für mich.

Es fehlte uns ja nur mehr die Diplomarbeit und die wollten wir gemeinsam schreiben. Da ich inzwischen permanent an ein Sauerstoffgerät angewiesen und ans Haus gebunden war, übernahm sie die Fahrten in die Bibliothek, in die Prüfungsabteilung und zu unserem Betreuer. Diese Besprechungen liefen in Konferenzschaltung über Internet und für die abschließende Diplomprüfung kamen alle drei Professoren zu mir in die Klinik – ein absolutes Novum für Uni und Krankenhaus.

© Gabriele Eder aus 4810 Gmunden

Angstmuster ignorieren

W ie wir aus der Erläuterung mit dem Baby gesehen haben, ist ein vorurteilsloses Bewusstsein in der Lage, alles zu erreichen. Das Fehlen der unnatürlichen denkspezifischen Angstmuster beflügelt das Individuum zu einer außerordentlichen Beharrlichkeit, die einem dabei hilft, durchzuhalten. Das Baby ignoriert quasi diese minderen Erlebnisse.

Wenn wir uns nun an Erlebnisse erinnern, bei denen sich das Gefühl der Angst und der Sorge in unser Gemüt einnistete, dann erinnern wir uns auch, wie stark diese Empfindungen in uns wirkten. Es war nicht nur ein einfaches negatives Denken, sondern eine Erfahrung, die sogar unseren Körper beeinflusst. Wir spüren, wie es uns kalt den Rücken herunter läuft oder die Röte, die uns in den Kopf steigt.

Ein Wort oder eine negative Nachricht veranlasst oft Seltsames. Es ist so, als ob irgendein hypnotischer Schalter umgestellt wurde, und plötzlich müssen wir weinen oder fühlen, wie es in unserer Bauchgegend rumort.

Diese Emotion oder dieses gefühlte Erleben bewirkt, dass wir ähnliche Situationen immer wieder anziehen. Nicht das einfache negative Denken ist es, das uns in unserem Fortschritt behindert, sondern eben diese „bildlichen Emotionen", und im umgekehrten Sinne sind die emotionalen positiven Erlebnisbilder für unseren Fortschritt vorteilhaft.

Alles was wir uns bildlich vorstellen können, sei es „negativer" oder „positiver" Art, wird von uns angezogen und muss sich somit realisieren.

Wir müssen uns erstmal klar werden, dass die universale Sprache der gesamten belebten Natur die emotionale Sprache ist. Wenn wir uns zum Beispiel nichts unter einem bestimmten Wort vorstellen können, dann verstehen wir es nicht. Erst wenn wir den Zusammenhang zwischen dem gesprochenen Wort und der bildlichen Ausführung wahrgenommen haben, macht das Wort einen Sinn und unser Bewusstsein registriert die richtige Bedeutung.

Wenn ich Sie jetzt frage: „Wie denken Sie denn? Denken Sie Deutsch oder Chinesisch, was würden Sie mir nun antworten? Und wie denkt ein Wesen, das keine der Sprachen versteht? Wie denkt ein Baby?"

Ein Baby denkt noch in der natürlichsten Sprache der Welt, nämlich der Bildsprache, und deshalb kennt es auch keine Vorurteile. Es ist frei von Versagensängsten, es hat nur ein Ziel, für das es sich interessiert und Möglichkeit letztendlich zu versagen, schwebt ins Nirwana.

Die sicherste Methode zum Auflösen solcher negativen Denkmuster, die uns immer wieder in den gleichen Trott des Versagens oder Aufgebens reinreißen ist die, dass wir diese „negativen" Schwingungsmuster erst gar nicht in uns reinlassen. Wir müssen sie überlisten.

Dies geht am Besten dadurch, dass wir die negativen Schwingungen ignorieren und uns in dem Augenblick auf das Gegenteil davon konzentrieren. Wir bilden uns einfach ein, dass wir Erfolg in diesen Dingen haben, obwohl es noch nicht so ist und das Gefühl, das sich dabei entwickelt, ist genauso stark, wie die vorher empfundene negative Reaktion bei minder guten Nachrichten. Nur fühlen wir uns jetzt nicht miserabel, sondern unheimlich wohl.

Wenn ihnen zum Beispiel Tag für Tag Rechnungen ins Haus flattern und sie wissen nicht, wie diese bezahlt werden sollen, dann stellen sie sich doch einfach vor, dass diese Rechnungen in Wirklichkeit Schecks sind, die ihnen irgendjemand zukommen ließ. Fühlen Sie sich frei und freuen sich über diese neuen Geldeinkünfte. Das Gefühl, das sie in solchen Situationen haben, ist entscheidend, was ihnen nun in der Zukunft zufließt. Machen sie Pläne, was sie sich von dem Geld kaufen werden.

Beachten Sie, dass Sorgen immer wieder Sorgen ergeben und Freude schafft wiederum Freude. Eine Kettenreaktion ohne Ende.

Das, was man sich „real" vorstellt, realisiert sich

In der folgenden Geschichte erzählt Heidemarie Ithaler-Muster aus ihrem Leben und erläutert die schwierigen Situationen, die ihr Leben geprägt haben.

Mein Weg zurück ins Leben

Ein Leben kann oft viele Sonnenseiten aber auch viele Schattenseiten widerspiegeln. Ich bin das beste Beispiel dafür. Meine psychische Krankheit, das Borderline- Syndrom, so glaube ich, das hatte ich schon, als man mir die Nabelschnur durchtrennte. Sie wurde natürlich durch die schwierige Familienkonstellation bei mir noch gefördert. Ich bin die Zweitälteste von 7 Brüdern und außerdem noch genetisch vorbelastet. Mein Wunsch nach Liebe blieb in der Kindheit leider auf der Strecke.

Meine Eltern hatten ein großes Land und ein Weingut zu bewirtschaften. Es befand sich aber alles erst in der Aufbaupha-

se, sodass wir Kinder auf den Feldern fest anpacken mussten. Für zwischenmenschliche Beziehungen blieb da kaum Platz. Ich vermisste eine gewisse Mütterlichkeit und mein Vater war streng und oft gab es wegen Kleinigkeiten eine Tracht Prügel. Trotz allem schloss ich die Handelsschule mit gutem Erfolg ab und schlitterte danach schon als jugendliches Mädchen in eine psychische Erkrankung. Es folgten viele psychiatrische Krankenhausaufenthalte und mit 33 Jahren schickte man mich schon in die Frühpension, ohne dass meine Wünsche, einen schönen Beruf zu haben, in Erfüllung gegangen wären. Damals haderte ich sehr mit meinem Schicksal und es gelang mir lange nicht, meinen Eltern zu verzeihen.

Das zu meiner Vorgeschichte. Heute bin ich fast 47 Jahre alt und vor 11 Jahren bin ich dann ins „Haus Mariatrost" - ein betreutes Wohnheim - gezogen und es gelang mir, mich gerade so zu stabilisieren, dass ich in dieser Zeit in kein Krankenhaus mehr musste. Hier lernte ich auch Johannes kennen. Wir verliebten uns ineinander und vor 6 Jahren legalisierten wir unsere Liebe und schlossen den Bund der Ehe und unsere geliebte Katze LISA komplettiert die Familie Ithaler-Muster. Trotz allem war mein Leben sehr eingeschränkt, durch Angstzustände und Panikattacken war ich unfähig, alleine wohin zu gehen. Obwohl ich im Haus sehr aktiv war, hatte ich irgendwie aufgehört zu leben...

Anfang Juli vorigen Jahres hatte ich nach vielen schwierigen Situationen, die aufeinander trafen und insbesondere verbunden mit einer 14-tägigen Crashdiät, wo ich fast nichts aß, einen sehr schweren Einbruch meiner Krankheit.

Ich kam in eine noch nie in so einem Ausmaß gekannte Depression. Ich erlebte mich als Gefangene in meinem eigenen Körper. Der Zeitbegriff nahm eine andere Dimension an, ich hatte furchtbare Schmerzen, als müsste ich mich von irgendetwas

64

trennen, Spannungen, die kaum zu ertragen waren, dass ich mich am liebsten auf den Boden geworfen hätte und laut um Hilfe schreien.

Am Abend bzw. am späten Nachmittag hatte ich ganz komische Lichteinfälle, von Eigenverantwortung abgegeben, Gefühl der Wertlosigkeit und Entfremdung, Verlust der Persönlichkeit und einfach unfähig, irgendwie tätig zu sein, Sogar zur Körperpflege musste ich tagtäglich angehalten und unterstützt werden. Es war ein monatelanges Leben in der unendlichen Weite der Finsternis, klagend in einsamen Stunden, unter vielen Menschen.

Das Szenario dauerte fast 1/2 Jahr lang an, wechselnd mit depressiven Manien und Schüben. Ein beherzter Psychiater, der mich in meinem Elend sah, begleitete mich von Anfang an und er war jederzeit per Handy für mich erreichbar.

Wie gerne hätte ich doch gerade jetzt und in all den Jahren ein normales Leben geführt?

Doch die Depression wurde meine große Chance. Mit Hilfe dieses Arztes und Wegbegleiter schaffte ich zwar langsam doch kontinuierlich den Weg zurück ins Leben. Vor einem Jahr beschloss ich dann am Silvesterabend, wieder arbeiten zu gehen, obwohl fast niemand an mich glaubte.

Doch ich habe durchgehalten! Inzwischen habe ich zwei qualifizierte Teilzeitjobs, habe viele literarische Veröffentlichungen vorzuweisen und allmählich bringe ich mein Leben wieder in Ordnung. Das kleine Wörtchen „Ich will!", das so großes bewirken kann und mein Therapeut im Hintergrund haben einen aktiven, lebenstüchtigen Menschen aus mir gemacht.

Heute führe ich ein fast normales Leben.

Ich habe in meinem Wegbegleiter, diesen Arzt einen Freund gefunden, der mir in der schwersten Zeit alles abgedeckt hat und mir das Gefühl der Akzeptanz und des Angenommenseins gab. Und wenn ich war, wie ein kleines Mädchen, habe ich ihn in meiner Phantasie umarmt und ich spürte so etwas wie Elternliebe.

Ich finde mein Leben, so wie es heute ist, als ein besonderes Geschenk, weil sich viele meiner Wünsche - zwar spät - aber doch erfüllt haben!!!

© Heidemarie Ithaler-Muster aus 8044 Graz in Österreich

Den richtigen Zeitpunkt herausfinden

S chon seit Urzeiten beschäftigten sich die alten Gelehrten mit dem Mysterium der Zahlen. Durch die urältesten Überlieferungen und ihre eigenen Anstrengungen wurde ein System entwickelt, das uns in unserem Vorhaben nützen kann.

Die Numerologie geht davon aus, dass wir an unserem Geburtstag, wenn wir das Licht der Erde erblicken, der besonderen Schwingungsenergie dieses Tages unterworfen sind. Diese Frequenz, die wir am Tage unserer Geburt zum allerersten Mal gespürt haben, hat einen so starken Einfluss auf uns, dass wir uns im Laufe unseres Lebens immer wieder an diese Frequenz erinnern werden.

Alles in unserem materiellen Leben ist durch die mathematischen Gesetze geregelt, auch unsere materielle Existenz. Schon bei unserer Geburt sind die größten Highlights geregelt, und auch unser Weggang von dieser Welt ist bis auf den Tag genau vorherbestimmt. Wie präzise sich unsere Zahlenwelt in unserer Mathematik präsentiert, werde ich ihnen an einem kleinen Beispiel offenbaren.

Jeder von uns kennt das Einmaleins, das wir in unserer Schulzeit in allen Richtungen aufsagen mussten. Wenn man nun die Ergebnisreihen untereinander auflistet und aus den Ergebnissen die Quersumme bildet, so dass bei jedem Ergebnis eine einstellige Zahl übrig bleibt, dann kann man wunderbar die Symmetrie unserer neun Zahlen bewundern.

In der folgenden Tabelle können sie die seltsame Harmonie erkennen. Ist es nur Zufall oder ein Teil eines wunderbaren „göttlichen Plans", auf dem unsere gesamte Natur aufbaut?

Alles ist mit diesem Schema verbunden, und ob wir es wollen oder nicht, auch unser Schicksal ist ein Teil dieser Mathematik.

*	1	2	3	4	5	6	7	8	9
1	1	2	3	4	5	6	7	8	9
2	2	4	6	8	1	3	5	7	9
3	3	6	9	3	6	9	3	6	9
4	4	8	3	7	2	6	1	5	9
5	5	1	6	2	7	3	8	4	9
6	6	3	9	6	3	9	6	3	9
7	7	5	3	1	8	6	4	2	9
8	8	7	6	5	4	3	2	1	9
9	9	9	9	9	9	9	9	9	9

Sehen wir uns die Ergebnisse genauer an und analysieren die einzelnen Reihen. Wir erkennen, dass sich die Zahl 9 im Ergebnis nie verändert. Die anderen Zahlen aber spiegeln sich. Die Achse liegt sowohl horizontal als auch vertikal zwischen der 4 und der 5.

Weiterhin bilden die restlichen acht Zahlenreihen Pärchen, die sich von der waagerechten Achse nach außen emporarbeiten. Die Reihen 4+ 5, 3+ 6, 2+ 7 und 1+ 8 zeigen uns die einzelnen positiven und negativen Schwingungsmuster der Zahlenreihen an und verändern auch nicht ihre Werte, wenn wir im Einmaleins zu den größeren Zahlen gehen, denn die Quersumme jeder Zahl bleibt gleich.

Nun nehmen wir die gleichen Ziffern und anstatt sie miteinander zu multiplizieren, fangen wir an, sie zu potenzieren. Als Beispiel nehmen wir die 5. Potenz von 5 und bekommen das Ergebnis 3125. Wenn wir nun aus dem Ergebnis die Quersumme bilden, dann bekommen wir die 2 heraus, nämlich 3+ 1+ 2+ 5 = 11 = 1+ 1 = 2. Dies machen wir mit allen Zahlen und bekommen dann das Ergebnis der folgenden Tabelle.

^	1	2	3	4	5	6	7	8	9	10	11
1	1	1	1	1	1	1	1	1	1	1	1
2	2	4	8	7	5	1	2	4	8	7	5
3	3	9	9	9	9	9	9	9	9	9	9
4	4	7	1	4	7	1	4	7	1	4	7
5	5	7	8	4	2	1	5	7	8	4	2
6	6	9	9	9	9	9	9	9	9	9	9
7	7	4	1	7	4	1	7	4	1	7	4
8	8	1	8	1	8	1	8	1	8	1	8
9	9	9	9	9	9	9	9	9	9	9	9

Hier sieht man schon wieder die Besonderheit der Zahl 9. Sie
bleibt auch bei dieser Berechnung wieder sie selbst und zieht
dabei die 3 und die 6 in ihren Bann. Aber auch die anderen
Zahlen bilden eine Symmetrie miteinander.

Im Folgenden bilden wir eine Tabelle mit unseren neun Zahlen
und potenzieren die Ergebnisse mit sich selbst. Wenn wir die 2
auswählen, dann wäre das Ergebnis:

2	*	2	=	4
4	*	4	=	16	und die Quersumme ergibt die 7
16	*	16	=	256	und die Quersumme ergibt die 4
256	*	256	=	65536	und die Quersumme ergibt die 7

Und so weiter bis zur Unendlichkeit. Immer werden wir die
Zahlen 4 und 7 als Quersumme bekommen, egal wie weit wir
in die Höhe gehen.

Diese Berechnung führen wir für alle Zahlen fort und kommen

69

dann zu dem Ergebnis, dass ich in der folgenden Tabelle präsentiere.

^	1	2	3	4	5	6	7	8	9
1	1	1	1	1	1	1	1	1	1
2	4	7	4	7	4	7	4	7	4
3	9	9	9	9	9	9	9	9	9
4	7	4	7	4	7	4	7	4	7
5	7	4	7	4	7	4	7	4	7
6	9	9	9	9	9	9	9	9	9
7	4	7	4	7	4	7	4	7	4
8	1	1	1	1	1	1	1	1	1
9	9	9	9	9	9	9	9	9	9

In dieser Tabelle spiegeln sich wiederum die einzelnen Zahlenreihen, und das Besondere ist das Ergebnis, das die einzelnen Paargruppen eindeutig identifiziert. Auch hier verändert sich die Zahl 9 nicht in ihrem Ergebnis.

Nun möchte ich das Thema nicht weiter spezifizieren, sondern erlaube mir, sie in das Geheimnis der „günstigen Zeitpunkte" einzuführen. Das Prinzip hierzu ist recht einfach zu handhaben und kann in kürzester Zeit erlernt werden. Man benötigt dafür einfach nur das Geburtsdatum, besser gesagt den Tag, an dem man geboren ist.

Vielleicht haben sie schon festgestellt, dass sich positive, weniger positive, negative und weniger negative Tage im Leben eines Individuums abwechseln, und dieser Periodenlauf berührt jeden Menschen. Ganz gleich, wie erfolgreich oder unerfolgreich jemand ist. Selbst der größte „Pechvogel" erlebt dieses Auf und Ab.

Der Erfolg der „Glückspilze" besteht darin, dass sie ihre positiven Tage instinktiv erahnen und ihre gesamte Kraft an diesen Tagen einsetzen. An den weniger guten Tagen aber wird die Leistungskurve heruntergeschraubt und „pausiert". Der „Pechvogel" aber erkennt diesen Rhythmus nicht und agiert somit an den falschen Tagen.

Die Methode ist recht simpel. Stellen wir uns mal vor, dass wir am 23. Mai 1950 geboren sind. Unsere Geburtstagszahl ist somit die 23. Nun bilden wir aus dieser Zahl die Quersumme, nämlich $2 + 3 = 5$. Diese Zahl 5 hat auf unser Leben ein recht großes Potenzial. Es ist sozusagen die Zahl, deren Schwingungsenergie wir bei unserer Geburt als erstes empfangen haben.

Wenn wir nun irgendwelche wichtige Unternehmungen ausführen möchten, dann sollten wir versuchen, diese an den Tagen auszuführen, die mit unserer Geburtzahl in Harmonie stehen. In unserem Fall, wo die Zahl 5 unsere Geburtszahl ist, wären somit der 5., der 14. ($1+4=5$) und der 23. ($2+3=5$) eines jeden Monats recht vorteilhafte Tage.

Die folgenden Erklärungen (Seite 75 – 83) geben die genauen Zeitpunkte der verschiedenen Schwingungsebenen wieder. Sehr vorteilhaft sind auch die Schwingungsmuster der harmonischen Farben und Edelsteine, die die Energien der verschiedenen Zahlen verstärken.

Bevor wir aber zu den verschiedenen Erläuterungen übergehen, möchte ich Ihnen eine weitere Geschichte vorstellen, die mir Heike Müller zur Verfügung stellte.

Die Traumwahrheit

Ein Traum wäre nichts anderes, so dachte ich in diesen Minuten. Binnen eines Tages veränderte sich mein Leben und ich wundere mich noch heute, wie all dies geschehen konnte, obwohl bereits zehn Jahre vergangen waren.

Schon am Morgen des besagten Tages fühlte ich mich so seltsam. Ein komisches Gefühl durchzog meinen gesamten Körper. Es war als ob jede Faser in meinem Leib mit neuer Kraft gefüllt war, ja mit neuer Lebensenergie.

Es fing alles mit dem wundersamen Traum an, in dem ich in der gleichen Nacht wandelte. Was es genau war, das kann ich heute nicht mehr sagen. Auf jeden Fall fühlte ich zum Ende des Traums eine unheimliche Fülle. Glockenschläge ließen mich erzittern und ich hörte eine Stimme sagen:

„Steh auf Mädchen, Heute ist Dein Tag."

Dann wurde ich wach. Heute musste etwas passieren, das wusste ich, aber was es war, dass erahnte ich noch nicht mal im Traum.

Wie die meisten in meinem Alter war ich damit beschäftigt, mich um meinen Ausbildungsplatz zu sorgen. Mit nur einem Hauptschulabschluss konnte man in der heutigen Welt nichts mehr erreichen, doch ich nutzte alle Mittel, soweit es mir möglich war.

Also schrieb ich wie verrückt Bewerbungen, in der Hoffnung mal eine glückliche Antwort in den Händen zu halten. Doch dieser Traum schien unverrückbar im Kosmos festzusitzen. Sollte ich die Hoffnung aufgeben?

Nein, das durfte nicht sein, dachte ich. Irgendetwas werde ich erreichen. Einmal im Leben Glück haben, das wünschte ich mir aufs sehnlichste.

Bis zum Nachmittag verlief dieser Tag wie fast jeder andere. Meine seltsame Begebenheit vom Morgen hatte ich schon fast vergessen, als mich eine Freundin anrief.

„Hey Heidi, haste Lust zum Treffpunkt zu kommen?"

„Na klar", sagte ich. „Ich muss nur noch schnell zur Post."

Hastig legte ich den Hörer auf. Ich zog mir eine Jacke über und flitzte, voll gepackt mit meinen Siebensachen, in den Hof. Die Post erreichte ich nach zwanzig Minuten.

Es war einer dieser Momente in meinem Leben, den ich nie vergessen werde. Als ich die Post betreten wollte, stürmte ein blendend aussehender junger Mann aus dem Laden. Fast kam es zum Zusammenstoß, doch irgendwie wand er sich zu meinem Vorteil, aber zu seinem Nachteil, denn er flog der Länge nach hin.

Ihm schien es wahrscheinlich äußerst peinlich zu sein. Er stammelte eine Entschuldigung und machte sich aus dem Staub.

Ich war viel zu überrascht, um ihm etwas nachzurufen, doch irgendwie wusste ich in diesem Moment, dass es nicht die letzte Begegnung gewesen war. Als ich mich dann umdrehte, um in den Laden zu gehen, entdeckte ich auf dem Boden einen ausgefüllten und bezahlten Lottoschein.

Den schien wohl dieser junge Mann verloren haben, dachte ich. Ich hob ihn auf und war auch gespannt, ob er wohl heute

73

Abend gewinnen würde. Ich schaute mich noch um, ob mich wohl jemand beobachten würde, aber niemand schien sich für mich zu interessieren.

Schnell erledigte ich die Dinge auf der Post und zwei Häuserblocks weiter traf ich dann Heidi, mit der ich die nächsten Stunden beschäftigt war. Den Zwischenfall erwähnte ich aber nicht, ich wollte es erstmal für mich behalten.

Den Abend verbrachte ich alleine auf meiner Couch und als ich in der Nacht aufwachte und mir in aller Stille die Lottozahlen über Videotext anschaute, überkam es mich wie eine kalte Brise, die mit einmal meinen Körper erfasste.

„Nein!" schrie ich, „das kann doch nicht sein. Fünfeinhalb Richtige, ich glaub ich träume."

Ich war wie von Sinnen und in diesem Moment wollte ich mich mitteilen. Ich freute mich für den jungen Mann, dessen Adresse auf dem Lotto- Schein geschrieben stand.

Ich überlegte nicht lange und eh ich mich versah, stand ich auch schon vor seiner Haustür. Etwas zaghaft drückte ich die Klingel und vermutete, dass die Tür zu blieb. Überrascht war ich, als er dann vor mir stand und sagte: „Irgendwie habe ich dich erwartet."

Mittlerweile sind wir seit zehn Jahren ein Paar. Die 140.000 DM aus dem Lotto- Gewinn legten wir in einem Geschäft an. Alles in allem wurde mein Leben in diesem einen Tag so verändert, dass es im Nachhinein ziemlich unglaubwürdig erschien. Ich sagte ja, es war wie im Traum.

© Heike Müller aus Chemnitz

Personen, die der Zahl 1 zugeordnet werden[8]

Die Personen, die die Zahl 1 als ihre Geburtszahl haben, sind all diejenigen, die am 1. 10. 19. oder 28. eines jeden Monats geboren sind. Die Bedeutung dieser Zahl verstärkt sich jedoch, wenn sie zusätzlich vom 21. Juli bis zum 20. August und mit einer leichten Abschwächung bis zum 28. August oder vom 21. März bis zum 20. April und mit einer leichten Abschwächung bis zum 28. April geboren sind. Die erfolgreichen Tage des Einers sind somit der 1., 10., 19. und 28. eines beliebigen Monats.

Ihre Hauptfarben sind alle Schattierungen vom blassesten Gelb bis hin zu den tiefen orangen oder goldenen Farbstichen, und sie können auch die Farben der Zweier und der Siebener benutzen, nämlich alle Schattierungen vom blassesten bis zum dunkelsten Grün, auch cremefarbige und weiße Accessoires sind vorteilhaft. Alle violetten, blauen, dunkelroten, und rosa Farben sind günstig, aber sie werden nicht *wie die Hauptfarben behandelt, sondern sollten nur als zusätzliche Farben benutzt werden.*

Personen, die die 1 als ihre Geburtstagszahl haben, sollten so viele Hauptfarben wie möglich um sich haben, wenigstens in ihren Räumen oder Ateliers und in ihrer Kleidung. Als Schmuckstein sollten sie den Topas oder den Bernstein tragen.

---

[8] Entnommen dem Buch „Cheiros Charakteranalyse" September 2008

Personen, die der Zahl 2 zugeordnet werden

Die Personen, die die Zahl 2 als ihre Geburtszahl haben, sind all diejenigen, die am 2. 11. 20. oder 29. eines jeden Monats geboren sind. Die Bedeutung dieser Zahl verstärkt sich jedoch, wenn sie zusätzlich vom 21. Juni bis zum 20. Juli und mit einer leichten Abschwächung bis zum 27. Juli geboren sind. Die erfolgreichen Tage des Zweiers sind somit der 2., 11., 20. und 29. eines beliebigen Monats.

Ihre Hauptfarben sind alle Schattierungen vom blassesten bis hin zum dunkelsten Grün, auch Cremefarben und Weiß, aber sie können auch die Farben der Einer und der Vierer benutzen. Rosafarbene und hellblaue Farbtöne sind auch günstig, aber nur als zusätzliche Farben. Personen, die die 2 als ihre Geburtstagszahl haben, sollten sich darum bemühen, die hellen Farbtöne zu tragen und zu benutzen und sie sollten versuchen, die dunklen Farbtöne zu vermeiden. Ihre günstigen Schmucksteine sind Perlen, Katzenauge und Mondstein.

Personen, die der Zahl 3 zugeordnet werden

Die Personen, die die Zahl 3 als ihre Geburtszahl haben, sind all diejenigen, die am 3. 12. 21. oder 30. eines jeden Monats geboren sind. Die Bedeutung dieser Zahl oder Farbe verstärkt sich jedoch, wenn sie zusätzlich vom 19. Februar bis zum 20. März und mit einer leichten Abschwächung bis zum 27. März oder vom 21. November bis zum 20. Dezember und mit einer leichten Abschwächung bis zum 27. Dezember geboren sind. Die erfolgreichen Tage des Dreiers sind somit der 3., 12., 21. und 30. eines beliebigen Monats.

Ihre Hauptfarben sind alle Schattierungen von Lila und Violett, die sie in ihren Räumlichkeiten oder um sich herum haben sollten. Als günstigen Schmuckstein sollten sie einen Amethyst bei sich tragen. Als zusätzliche Farben sind alle Farbtöne von Blau, Karmesinrot, Rosa und Gelb vorteilhaft.

Personen, die der Zahl 4 zugeordnet werden

Die Personen, die die Zahl 4 als ihre Geburtszahl haben, sind all diejenigen, die am 4. 13. 22. oder 31. eines jeden Monats geboren sind. Die Bedeutung dieser Zahl oder Farbe verstärkt sich jedoch, wenn sie zusätzlich vom 21. Juli bis zum 20. August und mit einer leichten Abschwächung bis zum 27. August oder vom 21. Januar bis zum 19. Februar und mit einer leichten Abschwächung bis zum 26. Februar geboren sind. Die erfolgreichen Tage des Vierers sind somit der 4., 13., 22. und 31. eines beliebigen Monats.

Ihre Hauptfarben sind alle Farbtöne und Schattierungen von Grau und Beige, und die untergeordneten Tönungen von Gelb und Grün. Der Saphir ist wegen seiner Farbschwingungen der günstigste Stein für die Vierer.

Personen, die der Zahl 5 zugeordnet werden

Die Personen, die die Zahl 5 als ihre Geburtszahl haben, sind all diejenigen, die am 5. 14. oder 23. eines jeden Monats geboren sind. Die Bedeutung dieser Zahl oder Farbe verstärkt sich jedoch, wenn sie zusätzlich vom 21. Mai bis zum 20. Juni und mit einer leichten Abschwächung bis zum 27. Juni oder vom 21. August bis zum 20. September und mit einer leichten Abschwächung bis zum 27. September geboren sind. Die erfolgreichen Tage des Fünfers sind somit der 5., 14., und 23. eines beliebigen Monats.

Ihre Hauptfarben sind alle Schattierungen von Silbergrau, glitzerndes Weiß oder versilberten funkelnden Substanzen und so zusätzliche Farben wie die blassen oder feinen Farbtöne von allen anderen Farben. Dunkle Schattierungen sollten gemieden werden.

Diese Leute sind weit magnetischer, wenn sie sich nicht mit den Hauptfarben und den dunkleren Schattierungen umgeben. Sie sollten solche Edelsteine tragen, die möglichst aus Platin und Silber bestehen und mit Diamanten versetzt sind.

Personen, die der Zahl 6 zugeordnet werden

Die Personen, die die Zahl 6 als ihre Geburtszahl haben, sind all diejenigen, die am 6. 15. oder 24. eines jeden Monats geboren sind. Die Bedeutung dieser Zahl oder Farbe verstärkt sich jedoch, wenn sie zusätzlich vom 20. April bis zum 20. Mai und mit einer leichten Abschwächung bis zum 27. Mai oder vom 21. September bis zum 20. Oktober und mit einer leichten Abschwächung bis zum 27. Oktober geboren sind. Die erfolgreichen Tage des Sechsers sind somit der 6., 15. und 24. eines beliebigen Monats.

Ihre Hauptfarben sind alle Blauschattierungen, von der hellsten bis hin zur dunkelsten. Sie haben mehr zusätzliche Farben wie eine andere Klasse und ihr Bereich geht durch alle Farben, außer Schwarz und dunkles Violett.

Der Türkis und der Smaragd sind die günstigsten Steine, die diese Personen wegen seiner Farbschwingungen tragen sollten.

Personen, die der Zahl 7 zugeordnet werden

Die Personen, die die Zahl 7 als ihre Geburtszahl haben, sind all diejenigen, die am 7. 16. oder 25. eines jeden Monats geboren sind. Die Bedeutung dieser Zahl oder Farbe verstärkt sich jedoch, wenn sie zusätzlich vom 21. Juni bis zum 20. Juli und mit einer leichten Abschwächung bis zum 27. Juli geboren sind. Die erfolgreichen Tage des Siebeners sind somit der 7., 16. und 25. eines beliebigen Monats.

Ihre Hauptfarben sind genau jene, die ich bei dem Personenkreis beschrieben habe, die unter der Zahl 2 geboren sind, mit jedoch einem Unterschied, dass sie mehr positiver im Charakter sind als die Zweier, somit können sie auch stärkere oder mehr positive Farben tragen, aber alle Schattierungen von Grün und Gelb bleiben ihre Hauptfarben.

Die günstigsten Schmucksteine sind Mondsteine, alle weißen Steine und Katzenaugen, aber die Siebener sollten versuchen, die dunklen Farben zu vermeiden, sowohl in den Steinen als auch in anderen Materialien.

Personen, die der Zahl 8 zugeordnet werden

Die Personen, die die Zahl 8 als ihre Geburtszahl haben, sind all diejenigen, die am 8., 17. oder 26. eines jeden Monats geboren sind. Die Bedeutung dieser Zahl oder Farbe verstärkt sich jedoch, wenn sie zusätzlich vom 21. Dezember bis zum 20. Januar und mit einer leichten Abschwächung bis zum 27. Januar oder vom 27. Januar bis zum 20. Februar und mit einer leichten Abschwächung bis zum 27. Februar geboren sind. Die erfolgreichen Tage des Achters sind somit der 8., 17. und 26. eines beliebigen Monats.

Ihre Hauptfarben sind alle Tönungen von Dunkelgrün, Dunkelblau, Dunkelbraun, Purpur und Schwarz. Diese Farben sollten auch für die Kleidung gewählt werden.

Günstige Schmucksteine sind alle dunklen Steine wie dunkle Rubine, Karbunkel und dem dunkel-getönten Saphir, der am besten zu den Achtern passt.

Personen, die der Zahl 9 zugeordnet werden

Die Personen, die die Zahl 9 als ihre Geburtszahl haben, sind all diejenigen, die am 9., 18., oder 27. irgendeines Monats geboren sind, aber diese Zahl und ihre Farbe sind von noch größerer Bedeutung, wenn diese Menschen zusätzlich vom 21. März bis zum 19. April und mit einer leichten Abschwächung bis zum 26. April oder vom 21. Oktober bis zum 20. November und mit einer leichten Abschwächung bis zum 27. November geboren sind. Die erfolgreichen Tage des Neuners sind somit der 9., 18. und 27. eines beliebigen Monats.

Ihre Hauptfarben sind alle Abstufungen von Karminrot oder Rot, und ihre zusätzlichen Farben sind Pink und Rosa, aber sie sind glücklicher, wenn sie die dunkleren Schatten dieser Farben vermeiden. Alle Tönungen von Blau sind jedoch für sie sehr günstig.

Sie sollten rote Steine wie Rubine, Granate und Blutsteine tragen.

Die folgende Tabelle soll der Übersichtlichkeit dienen. Außer den günstigen Tagen (grau unterlegte Felder), können hier noch die günstigen Jahre und oder die Glückszahlen abgelesen werden. Des Weiteren besteht eine enge Verbindung zwischen den folgenden Zahlenpaaren:

- 1 und 4
- 1 und 8
- 2 und 7
- 4 und 5
- 3, 6 und 9

Wenn man nun zum Beispiel unter der Zahl 6 geboren ist, kann man auch die Tage nehmen, die unter den Zahlen der 3 und der 9 fallen. Die gleiche Regel gilt auch bei den anderen Zahlenpaaren, nur sollte man bedenken, dass die Tage, die der eigenen Zahl zugeordnet sind, die stärkere Schwingungsenergie besitzen.

Eins		**1**	**10**	**19**	**28**	37	46	55	64	73	82	91
Zwei		2	11	20	29	38	47	56	65	74	83	92
Drei		**3**	**12**	**21**	**30**	**39**	**48**	**57**	**66**	**75**	**84**	**93**
Vier		4	13	22	31	40	49	58	67	76	85	94
Fünf		**5**	**14**	**23**	**32**	**41**	**50**	**59**	**68**	**77**	**86**	**95**
Sechs		6	15	24	33	42	51	60	69	78	87	96
Sieben		**7**	**16**	**25**	**34**	**43**	**52**	**61**	**70**	**79**	**88**	**97**
Acht		8	17	26	35	44	53	62	71	80	89	98
Neun		**9**	**18**	**27**	**36**	**45**	**54**	**63**	**72**	**81**	**90**	**99**

Im Folgenden möchte ich sie wieder in eine kleine Geschichte entführen. Ein skurriles Beispiel, wie Zahlen in unserem Leben wirken, wurde von Julia Werner aus Berlin eingereicht.

666

Langweilig, banal? Ich hatte einen Wunsch, den wohl fast jeder hegt, und in wenigen Worten ist alles erzählt: Ich erträumte mir Geld, dann habe ich im Lotto gewonnen. Fertig ist die Geschichte. Aber wann immer ich diesen Glücksfall erwähne, leuchtet das Gesicht meines Gegenübers auf: Was? Wann? Echt? Wie viel? Alle möchten wissen, wie das ist, und wenn ich erzähle, was genau geschah, mag es mir nicht jeder glauben. Kein Wunder!

Es ging mir vor zwei Jahren nicht besonders gut, meine psychische und körperliche Verfassung war bessere Zeiten gewöhnt. Aber ich hatte einen Plan, wie ich mich aus der Krise herausmanövrieren würde, wollte mit der Sanierung meiner Gesundheit beginnen, die durch ein organisches Leiden ange-

schlagen war. *Für dieses gab es – glücklicherweise – eine Möglichkeit zur Heilung, starke Medikamente, auf deren Beipackzettel Nebenwirkungen wie Depressionen, dramatische Blutbildveränderungen, extreme Schwäche und Erbgutschädigungen standen, sollten für Monate meine Begleiter werden. Ein schwieriger Gang.*

Doch ich sah der Therapie, die ich im Winter beginnen würde, gefasst entgegen, es musste sein, ich hatte diesen Schritt lange genug herausgezögert. Ich war mir sicher, ich würde gesund werden, nur eine große Sorge dämpfte meine optimistische Haltung: Was, wenn ich durch die Folgen der Chemokeule vorübergehend arbeitsunfähig würde? Ich war selbstständig tätig, und ich wollte es auch bleiben. Doch meine Ersparnisse würden für den Fall, dass ich Aufträge nicht erfüllen konnte, höchstens ein paar Wochen reichen.

Ach, stünde mir doch mehr Geld zur Verfügung! Wenigstens so viel, dass ich mich im Winter und Frühjahr während der Therapie nicht sorgen musste! Zu den vielen Spritzen, die auf dem Therapieplan standen, wünschte ich mir eine ganz spezielle dazu: Eine Finanzspritze, die mir erlauben würde, die Behandlung ohne existenziellen Druck zu beginnen.

Heute sage ich, es war ein Stoßgebet, das ich ans Universum schickte. Ein inniger Wunsch. Ein konkreter Wunsch. Ein sinnvoller Wunsch. Ich weiß noch, dass ich mir im Gedanken an seine Erfüllung vorstellte, wie ich im Bett lag, schlafend, träumend, ohne Stress und Sorge.

Einige Wochen später, an einem Samstagabend im Juni, bekam ich eine SMS. Ich befand mich gerade bei Freunden auf einer Party, trug das Telefon in meiner Westentasche, zog es hervor und las: „Gewonnen!" Diese Botschaft erhielt ich nicht das erste Mal, ich spielte immer wieder mal Lotto im Internet, und hier und da gab es kleinere Gewinne, die mir per Handy meist noch am gleichen Tag mitgeteilt wurden. Diesmal stand geschrieben:

„Sie haben fünf richtige Endziffern im Spiel Super 6 ... "

Ich war ganz ruhig und meine Gedanken formten sich langsam, so, als redete ich mit mir selbst. Ich dachte: „Fünf Richtige, das ist doch ein recht großer Gewinn?" Und auch: „Da ist ja mein Geld!"

Es war keine Sekunde so, dass ich aufschreien, durch die Gegend tanzen oder meinen Freuden in den Arm fallen wollte. Da war ein Gewinn, mein Gewinn, und es war überhaupt nichts Unglaubliches daran. Trotzdem las ich die SMS dreimal und blickte dann vorsichtig um mich, denn ich war mir sicher, jemand müsste mir die Nachricht ansehen. Doch die Welt schien unverändert, die Leute standen wie eben auch in Grüppchen herum, es lief Musik, es wurde getrunken und geraucht, niemand beachtete mich, nur in meiner Brust schlug das Herz ein wenig schneller.

Ich dachte nach. Super 6, was war das eigentlich genau? Ich hatte mir um dieses Spiel kaum je Gedanken gemacht, mein Lottogewinn würde, so hatte ich geglaubt, in Form von fünf oder sechs richtigen Kreuzchen daherkommen. Aber so? Ich fragte den Gastgeber, ob ich mal eben das Internet benutzen durfte, natürlich, kein Thema. Schnell hatte ich meine Gewinnquote ermittelt und konnte mir ein Grinsen nicht verkneifen: 6666 Euro waren mein!

An diesem Abend erzählte ich niemanden davon, ich wollte dieses selige Gefühl, diese Mischung aus Heiterkeit, Dankbarkeit und Freude, alleine genießen. Das Einschlafen zögerte sich hinaus, lächelnd drehte ich mich von einer Seite auf die andere, und noch in der gleichen Nacht dachte ich, dass meine 6666

Euro ziemlich genau der Geldmenge entsprachen, die mir helfen würde, ohne finanziellen Druck in die Therapie zu starten. Ich dankte dem Himmel, ich wusste nicht, wem sonst.

Nur wenige Tage nach dem Lottogewinn bekam ich meinen Steuerbescheid vom Finanzamt. Ich öffnete ihn, rechnete mit einer geringen Rückzahlung und las: Guthaben: 666 Euro ... (und 38 Cent). Ich lachte. Ich schüttelte den Kopf. Lachte. Ich drehte und wendete das Blatt, ich wollte nicht glauben, was dort stand, und ich las es noch einmal und noch einmal und noch einmal: 666 Euro ...

Es war ein vergnügter Tag. Und eine verdammt gute Fügung, wie ich und mein Freund fanden. Er hatte dann die Idee, meinen Pakt mit der mysteriösen Zahlenreihe zu vermarkten und rief eine Zeitung mit vier Buchstaben an. Er präsentierte die Story so: Hübsches sexy Fräulein flirtet gern mit Sechsen, die ihr, ob beim Lotto oder Finanzamt, genau wie auch die Männerherzen nur so zufliegen.

Der Redakteur allerdings zeigte kein großes Interesse.

Ja, die Geschichte könnte man drucken, meinte er lahm. Als Honorar bekäme ich 50 Euro plus eine Fahrtkostenpauschale für die Anreise zum Fototermin.

Ich lehnte dankend ab. Blödmann! Hätte er mir wenigstens 66 Euro geboten, ich hätte es gemacht.

Den richtigen Zeitpunkt herausfinden

Über den Tod hinaus

Viele Menschen stehen in der Blüte ihres Lebens, haben viele Sehnsüchte und Ziele, die irgendwann einmal gelebt werden möchten. Wunderbare individuelle Träume, die so einzigartig sind wie jeder einzelne Mensch in seinen originellen Charakterzügen.

Völlig unerwartet werden dann einige aus dem Leben gerissen, sei es durch eine Krankheit, einen Unfall oder eine Unglückstat, und die unerfüllten Ziele oder Träume können dann scheinbar nicht mehr erfüllt werden.

Oft sind es aber die Daheimgebliebenen, die sich dann um die Belange ihrer einstigen Lieblinge kümmern. Sie werden durch die jenseitige Kraft ihrer verblichenen Lieben bestärkt und werden alles tun, um die unerfüllten Dinge zu erledigen. Dieses Gefühl, etwas für einen geliebten Menschen zu tun, der keinen physischen Anteil mehr an dieser Welt hat, bewirkt wahre Wunder.

Das stärkste Gefühl ist die Liebe

Mit ihr lassen sich alle Dinge bewerkstelligen

Und irgendwie, durch verschlungene Wege und Ecken, wird der einstige Wunsch Wirklichkeit.

Iris Reynaud hat viel durchmachen müssen und jedes Mal, wenn ich ihre wahre Geschichte lese, dann überkommt mich ein Gefühl von Trauer und Unverständnis. Lesen Sie die folgende Lebensgeschichte und erfahren Sie, wie sich Lauras Wunsch durch diese Veröffentlichung erfüllt hat.

Der zerstörte Traum vom Drachenfliegen

Ich habe in dieser Nacht das erste Mal von Ihr geträumt. Nach genau vier Monaten. Ich habe mir in dieser langen Zeit so oft gewünscht, sie wieder vor mir sehen zu dürfen, sie zu spüren, zu hören. Nur ein einziges Mal. Aber jeden Morgen wachte ich aufs Neue auf ohne Träume, nur mit meiner Trauer und meinem Hass.

Es schmerzt so unendlich mit dem Gedanken an sie einzuschlafen und mit dem gleichen wieder aufzuwachen. Immer wieder stellt sich die gleiche Frage: Warum? Ein guter Freund hat einen Abschiedsbrief für sie geschrieben den wir alle sehr ergreifend fanden. Ihre Geschwister haben ihn bei Lauras Beerdigung vorgelesen. Ich weiß nicht, woher sie die Kraft nahmen. Ich besitze diese Kraft immer seltener seit dem 30. September, dem Tag, an dem Laura ermordet wurde.

Und jetzt, vier Monate nach ihrem Tod, durfte ich sie endlich wieder sehen. Kurz, intensiv, nur in einem Traum. Sie war so schön, jung und voller Energie. Sie lachte viel und steckte alle Menschen mit ihrer guten Laune an. Ihre Lebenslust und ihre Neugier waren unerschöpflich. Sie hatte eben noch das ganze Leben vor sich und fest vor, es in vollen Zügen zu genießen. In meinem Traum wanderten wir durch den Schwarzwald.

Wie so oft an Wochenenden wenn wir zum Blauen hochstiegen und anschließend, bei Kaffee und Kuchen, den Drachenfliegern zusahen. Wir wären allzu gerne einmal im Tandem mitgeflogen. Aber mein Ex-Mann Dany hat es uns ausgeredet. Es sei gefährlich! Laura und ich hatten keine Angst. Nur den Wunsch einmal Drachen zu fliegen. Trotzdem haben wir es nie getan. Wie konnten wir damals auch ahnen, wie gefährlich Laura wirklich lebte. An der Seite eines Mörders, was wesentlich fataler sein kann, als sich ein einziges Mal den Traum vom Dra-

90

chenfliegen zu erfüllen!

Wir kannten ihren Mörder. Sie waren fast zwei Jahre ein Paar und sie wollte sich von Ihm trennen. Es gab viele Gründe. Auch wir hatten sie mehrmals vor ihm gewarnt und hatten Angst um sie. Sie hörte nicht auf uns, sie verteidigte IHN: Sie war blind vor Liebe zu IHM!

An diesem Sonntagnachmittag sagte sie niemandem wohin sie ging, nur: "Ich bin kurz weg." Sie stieg in ihr kleines, himmelblaues Auto und fuhr los. Sie kam nie zurück. Sie wollte Ihn nur noch einmal sehen, mit ihm reden und ihre Sachen aus seiner Wohnung abholen. Er hat in diesem Moment verstanden, dass sie ihn endgültig verlassen würde.

Das ließ sein Ego als besitzgieriger Mensch nicht zu. Sie gehörte Ihm. Niemand durfte sie haben! Laura war zierlich, aber sehr sportlich und stark. Sie war eine Kämpferin aber gegen seinen Hass und sein Messer hatte sie keine Chance. Er stellte sich nach der Tat der Polizei. Seitdem sitzt er in U-Haft. Wir warten auf den Prozess. Warten, Worauf? Auf eine gerechte Strafe, auf seinen Tod, den viele ihm wünschen? Ich wünsche nicht dass er stirbt.

Ich wünsche ihm, dass er leidet und viel Zeit zum Nachdenken hat. Das niemand ihm Schlafmittel verschreibt wenn er nachts nicht zur Ruhe kommt. Er hat einen Anwalt, Ärzte und Psychiater. Er darf seine Familie regelmäßig sehen. Es sei wichtig für seine Psyche sagte man mir. Wir dürfen Laura nie mehr sehen. Es bleiben nur die Erinnerungen, Fotos und unsere Träume.

Man stellt sich viele Fragen die niemand beantworten kann. Z.B. wo war Gott an diesem Sonntag? Hatte er Wichtigeres zu tun? Die Tochter einer (Ex-)Freundin, wenn man einen Ex-Mann hat, hat man seltsamerweise auch plötzlich eine ansehn-

91

liche Kollektion von Ex-Freunden. Ist aber ein anders Thema. Also, die kleine Konstanze mit Ihrem Engelsgesicht und ihren großen, blauen Augen sagte mir vor einigen Jahren:

„Weißt du Iris, du musst Laura warnen wenn sie so alleine im Wald läuft! Mama hat mir gesagt, dass es eklige, perverse Männer dort gibt! Sie tun den Mädchen weh!"

Diese kleine süße Maus war damals fünf Jahre alt und wir haben alle über ihre „Mahnung" gelacht. Laura ganz besonders.

Aber dieses kleine Mädchen hatte doch so Recht. Es gibt eklige, perverse Menschen! Gäbe es sie nur im Wald, würden alle Eltern der Welt ihren Kindern verbieten in den Wald zu gehen. Man kann nicht Alles verbieten. Kinder lieben die Gefahr, sie wollen Erfahrungen selbst sammeln. Man ist ja immer wieder da um zu trösten, mitzuleiden, aufzufangen und neuen Mut zu geben. Dazu ist man als Eltern auch gerne da. Aber Laura war nicht im Wald!

Das „Böse" kam zu ihr und niemand war da um sie zu beschützen. Nicht einmal Gott, der zusah und es geschehen ließ. Gott ist nicht mehr mein Freund. Er hat mich zu oft enttäuscht. Gute Freunde enttäuscht man nicht! Ich suche mir neue, zuverlässigere Freunde.

Ich habe Laura viele Geschichten erzählt. Sie liebte es und hat mir auch ihre Lieblingsgeschichten erzählt. Unter Anderem die Sage von dem Mann, der die Menschen über den Fluss ins Jenseits fährt. Man muss den Toten auf beide Augen eine Münze legen um die Überfahrt zu zahlen. Laura konnte wunderschön erzählen und es war ihr Wunsch im Besitz dieser Münzen zu sein: „Falls ich doch einmal vor dir sterben sollte, Mama." Ich durfte sie ein letztes Mal sehen. Abschied nehmen bevor sie eingeäschert wurde.

Als ich in dieser Leichenhalle stand spielte ich mit dem Gedanken mein Handy einzuschalten und ein Foto für ihren Mörder zu machen. Ihm dieses Foto zu schicken mit ein paar Zeilen:" Kannst du schlafen? Willst du leben? Was hast du meinem Kind angetan und uns allen?" Ich habe es nicht getan und hatte viele Gründe dazu.

Ich legte Laura Rosen auf ihren Körper, sie liebte Rosen. Ihre Geschwister hatten ihr zwei kleine Briefe mit Engeln geschrieben. Ihr Freund aus Marseille nannte sie immer mein Lauraschutzengel. Dann nahm ich zwei Münzen und legte sie auf Lauras Augen. Genügen zwei Euros wenn man schon mit seinem Leben gezahlt hat? Ich küsste sie ein letztes Mal und hätte Alles gegeben um an ihrer Stelle zu sein. Damit sie leben könnte. Aber Leben und Tod kann man nicht tauschen. Ich musste Abschied nehmen, sie in diesem Raum zurücklassen.

Der Mann, der mein Kind ermordet hat, hat in uns allen, die Laura kannten und liebten etwas vernichtet. Familie, Freunde - jeder hat ein wenig von sich selbst verloren. Das ist fast so schlimm wie sterben, nur darf man nicht für immer ruhen, sondern muss weiterleben. Wie? Danach fragt niemand.

Er hat mir vielleicht den Traum, mit Laura Drachen zu fliegen endgültig zerstört. Meinen Wunsch von ihr träumen zu dürfen, hat mir mein Unterbewusstsein, oder Gott, der sich indirekt bei mir entschuldigen wollte, erfüllt. Dann bleiben noch Lauras Wünsche, die ich ihr bis an mein Lebensende erfüllen werde. Besonders den einen Wunsch:

„Mama schreib doch bitte noch ein einziges Mal eine Geschichte für mich" Ich werde noch viele Geschichten für sie schreiben. Ich habe noch viele eigene Zukunftswünsche, die ich mir und dem Menschen, den ich über alles liebe, erfüllen werde. Ich habe noch zwei Kinder, für die ich immer stark sein

werde. Ich bin auch eine Kämpferin, wie Laura, nur dass ich lebe und sie in mir.

© Iris Reynaud aus 79117 Freiburg/ Breisgau

Auch wenn es aussichtslos erscheint

Auch wenn es aussichtslos erscheint, seinem Ziel auch nur ein Stückchen näher zu kommen, so besteht doch die Unbestreitbarkeit darin, dass wenn wir uns einer Sache annehmen und diese vehement weiter ausarbeiten, von Tag zu Tag perfekter in dieser Sache werden, auch wenn am Anfang noch niemand von uns Notiz nimmt.

Je länger wir uns also damit beschäftigen, desto perfekter werden wir in dieser Thematik. Bald haben wir unseren eigenen Stil herausgefunden und können nun auch unterscheiden, welche Dinge fehl am Platz sind und was noch nachgebessert werden muss.

Eines Tages aber möchten wir die Allgemeinheit mit unserem Werk erfreuen. Wir kurbeln die Werbetrommel an und erhoffen uns einen unmittelbaren Erfolg. Doch stehen die Sterne nicht gut und wir erleben den ersten Reinfall unseres Lebens. Aber anstatt aufzugeben, machen wir einfach weiter. Wir halten an unserem Ziel fest und so lehrte uns diese erste Erfahrung, dass wir unseren Stil noch etwas ausarbeiten müssen, und im Grunde sind wir ja auch schon jetzt ein wenig bekannt, denn durch diese Werbekampagne wurde unser Name ja immer wieder genannt.

Also feilen wir noch etwas an unserer „Ausbildung" und bewerben unser Produkt in allen möglichen Märkten. Auch wenn sich am Anfang noch nichts tut, so können wir doch hoffen, dass sich irgendwann eine günstige Wendung einstellen wird. Denn niemals besteht eine Stagnation oder „Pechsträhne" ewig.

Wie wir bereits aus unserem Leben erfahren haben, gibt es Zeiten oder Tage, da scheint uns alles zu gelingen, dann aber gibt es Tage, da wartet man vergebens auf eine Wendung, und die Tage des ewigen Unglücks runden das Gesamtbild ab. Alles in unserer Welt unterliegt diesem Wandel, und wenn wir dann bei der ersten kleinen Erfolgsaussicht zupacken, dann können wir darauf aufbauen. Niemals wieder werden wir völlig „nackt" dastehen, denn wir können bereits etwas vorweisen.

Auch wenn dieses Licht nicht ewig scheinen wird, so wird die nachfolgende Dunkelheit nie wieder so dunkel sein, und beim nächsten Sonnenaufgang wird unsere Arbeit weiter gestärkt werden, bis wir an unserem Ziel angelangt sind.

Wenn sie aber meinen, dass irgendeine Strategie wirklich nichts bringt, dann sollte man diese überdenken und durch andere austauschen. Auch die Themenbereiche oder das Produkt lassen sich auswechseln, wenn die Schwingung, die dieses Erzeugnis ausstrahlt, nicht mit der Ihren harmonisiert.

Ein Produkt oder Themenkomplex mag für irgendjemanden den gewünschten Erfolg bringen, und diese Person ist auch ganz in ihrem Element. Sie harmonisiert quasi mit dem Produkt. Doch wenn sie dieses erfolgreiche Produkt vermarkten würden, dann wäre es wahrscheinlich erfolglos.

Niemals sollte man andere Ideen für sein Vorwärtskommen missbrauchen. Die eigenen, individuellen Ziele werden früher oder später vom Erfolg gekrönt werden.

Nur sollte man nicht vor dem Ziel aufgeben, denn wer aufgibt, der hat schon im Ansatz verloren. Wer aber durchhält, der wird immer gewinnen, obwohl einige „Kämpfe" ausgefochten werden müssen.

Wenn man sich mal die Mühe macht, die Biographien der erfolgreichsten Künstler, Manager, Politiker oder Fernsehstars studiert, dann wird man erkennen, das fast alle die gleiche „Erfolgsstruktur" aufweisen. Auch sie mussten Niederlagen einstecken. Der kleine Unterschied zwischen denen und dem Normalbürger besteht eigentlich nur darin, dass das Aufgeben für sie ein Fremdwort war. Selbst bei aussichtslosen Manövern gaben sie nicht klein bei und gewannen zum Schluss mit einem wunderbaren Resultat.

Die folgende Geschichte von Anita Hintz beschreibt einen Wunsch, der bis zum Schluss aussichtslos erscheint, doch können sich manchmal die Hauptakteure irren.

Der Weihnachtsmann weiß alles

Es war der 24. Dezember, 12 Uhr 30 am Mittag. Kaum ein Laut war zu hören, bis auf das Klappern des schmutzigen Mittagsgeschirrs, das in den Küchenlastenaufzug geräumt wurde. Ansonsten war es schon fast andächtig still. Zu still müsste man meinen, wenn man bedachte, wo man sich befand. Im ganzen Haus hing ein verführerischer Duft von frisch gebackenen Weinachtsplätzchen. Hier und da hörte man das Flüstern von verschiedenen Kinderstimmen und leises Trippeln von Kinderfüßen.

Die Küchentüre wurde von außen einen Spalt breit geöffnet und ein kleiner Blondschopf mit scheuem Blick kam zum Vorschein.

"Huhu Andrea, darf ich dich mal was fragen?" ertönte das piepsige Stimmchen des kleinen Mädchens mit den graugrünen Augen. Andrea, die hübsche, junge Erzieherin, war gerade in der Küche mit Tee kochen beschäftigt. Lächelnd sah sie der verschüchterten Kleinen entgegen.

*"Hallo Ida, komm doch herein. Was hast du auf dem Herzen?"
Die Stimme der Erzieherin klang fröhlich. Schnell schlüpfte die
zierliche Ida ganz zu der Küche herein. Die kleinen Hände, in
denen sie ein großes Blatt hielt, hatte sie hinter ihrem Rücken
versteckt.*

*"Ähm, Andrea, meinst du ich kann dem Weihnachtsmann einen
neuen Wunschzettel von mir geben?"*

*Die Erzieherin stellte für Ida und sich eine Tasse Tee auf den
Tisch und setzte sich. Ida setzte sich dazu und sah Andrea fragend an.*

*"Hm, weißt du Ida, der Weihnachtsmann hat die Wunschzettel
von euch allen schon längst bekommen und da heute Weihnachten ist, wird der Weihnachtsmann schon unterwegs sein zu
den ganzen Kindern, die heute Abend ihre Geschenke bekommen."*

*Ida legte mit zitternden Händchen ihren neu gemalten Wunschzettel auf den Tisch vor die Erzieherin und fragte sie mit Tränen in den Augen: "Glaubst du, dass der Weihnachtsmann
dann vielleicht schon weiß, dass ich doch lieber ein Stofftier
haben möchte, statt einer Puppe? Der Weihnachtsmann weiß
doch alles, oder nicht!?"*

*Andrea lächelte das kleine Mädchen an und strich ihr über das
Haar.*

*Sie arbeitete nun schon seit sieben Jahren als Erzieherin in
dem Kinderheim und kannte die Schicksale aller Kinder ihrer
Gruppe. Jedes Einzelne war ihr ans Herz gewachsen und sie
kümmerte sich um alle so, als seien es ihre Eigenen.*

Sie zog die kleine Ida auf ihren Schoß und meinte: "Ich denke, der Weihnachtsmann hat heute so viel zu tun, da kann er gar nicht alles wissen. Er weiß aber, dass du dir eine Puppe gewünscht hast und die bekommst du bestimmt auch. Da freust du dich doch dann sicher auch, nicht wahr."

Dicke Tränchen kullerten Ida nun die Wangen herunter und sie schluchzte: "Aber die Christa, die hat ein Stofftier auf ihren Wunschzettel gemalt, einen Bär. Und ich wollte auch ein Stofftier, ganz egal welches, und ich wollte es lieb haben und mit ins Bett nehmen, das geht nicht mit einer Puppe, die ist viel zu hart zum Kuscheln."

Andrea drückte die Kleine an sich und ließ sie sich ausweinen. Als das Mädchen sich etwas beruhigt hatte, meinte die Erzieherin: "Nun ist es Zeit für den Weihnachtsmittagsschlaf, und wenn du wieder aufwachst, dann ist schon Weihnachten, dann sehen wir, was du bekommst."

Es war alles still in dem großen Gang, kein Flüstern war mehr zu hören, alle kleineren Kinder lagen in ihren Betten und waren eingeschlafen.

Auch Ida schlief sofort ein, als sie in ihrem Bett lag. Später dann, als es dunkel geworden war, ertönte ein lauter Gong. Überall auf dem Gang gingen Türen auf und Kinder in verschiedenen Größen und Alter liefen andächtig zu der Tür des Vorleseraumes, der heute den ganzen Tag verschlossen war. Lächelnd öffnete Andrea der Schar die Türe und ein Raunen begann.

"Oh" "Ah" "Boah" und "Wau" riefen die Kinder aus. Alle begannen ihre Geschenke auszupacken.

Auch Ida hatte ihr Geschenk ausgepackt und saß traurig mit einer Puppe im Arm abseits von den anderen.

Auch wenn es aussichtslos erscheint

Andrea ging zu Ida und sagte: "Ida schau mal, alle freuen sich, nur du siehst so missmutig drein, wenn du dich nicht wenigstens ein wenig freuen kannst, dann ist es vielleicht besser, du gehst noch eine Weile in dein Bett."

Ida war traurig und nun auch sauer. Andrea verstand einfach nicht, wie wichtig ihr ein Stofftier war. Mürrisch lief sie hinaus und ging in ihr Zimmer und legte sich ins Bett, Plötzlich kitzelte sie etwas an ihren nackten Füßchen, sie schlug die Bettdecke zurück und quietschte laut auf. Vor lauter Freude begann die kleine Ida zu weinen. Unter ihrer Bettdecke zu ihren Füßen lag ein Stofftier, ein süßer kleiner Hase, er sah genauso aus wie der Stoffhase, den sie auf ihren Wunschzettel gemalt hatte.

Schnell rannte sie mit dem Hasen zu den anderen.

Mit glücklichen Augen sah sie Andrea an. Diese sagte lächelnd zu der kleinen Ida: "Du hattest Recht, der Weihnachtsmann weiß scheinbar doch alles."

Mit den geistigen Gesetzen zum Erfolg

U m sich seine bewusst gewordenen Wünsche und Ziele zu erfüllen, sollte man auch daran denken, dass es unumstößliche geistige Gesetze gibt, die befolgt werden sollten, da alles, was auf dieser materiell ausgerichteten Welt geschieht, diesen geistigen Naturgesetzen gehorcht.

Jedoch werde ich diese in diesem Buch nicht so ausführlich behandeln. Wenn Sie sich näher damit beschäftigen möchten, dann verweise ich Sie auf mein anderes Buch,[9] das eine komplette Beschreibung eben dieser Gesetze beinhaltet.

Wir müssen uns mal vor Augen halten, dass alles, was um uns herum geschieht oder existiert, aus Schwingungen besteht. Ob es unser Sprechen oder Hören ist oder unsere Empfindungen, die wir aufnehmen. Auch die gesamte Materie besteht im Grunde nur aus „beweglicher" Energie.

1. Das Gesetz der Geistigkeit

Die wahre Identität unserer Welt ist nicht die Materie, sondern der Geist, der sich in jeder Substanz ausdrückt. Ohne das Geistige würde diese Existenzebene abrupt zu existieren aufhören.

Jeder Gedanke, den wir denken, wirkt sich auch auf das Materielle aus. Gedanken können schaffen oder auch zerstören.

---

[9] Manifestation aus dem Nichts, 2007, VierJahreszeitenHaus

2. Das Gesetz von Ursache gleich Wirkung

Jedes Ereignis oder Ding hat eine Ursache und jede Ursache erschafft eine Wirkung. Auch das Resultat einer Ursache erschafft wieder eine neue Ursache. Auch wenn wir dieses Wirkprinzip nicht sofort bei allen Ereignissen erkennen, so ist kein Lebewesen oder Ereignis von diesem Mechanismus befreit.

Wir sollten immer daran denken, was wir für Ursachen erschaffen, da die Ergebnisse sich in unserer Zukunft manifestieren.

3. Das Gesetz der Polarität

Alles auf dieser Erde ist zweifach, besitzt seine beiden Pole und hat seine zwei Gegensätze.

Entgegengesetzte Charaktereigenschaften sind in ihrem Wesen nach gleich, sie unterscheiden sich nur durch ihre unterschiedliche Schwingungsfrequenz.

Niemals sollte man seine Angst bekämpfen. Wer seinen Mut fördert, bei dem wird die Angst von alleine verschwinden.

4. Das Gesetz der Schwingung

Auch wenn es so scheint, als wenn alles in Ruhe stagniert, so ist doch alles, was ums umgibt, in ständiger Bewegung. Selbst die härteste Materie schwingt in ihrer Eigenrotation. Alles, was wir sehen, hören, denken und fühlen, sind im Grunde genommen nur Schwingungen, die in ihrer eigenen Schwingungsfrequenz harmonieren.

Alles ist Bewegung bzw. Schwingung. Um unsere Charaktereigenschaften zu ändern, müssen wir die Schwingung ändern

5. *Das Gesetz der Entsprechung „Wie oben so unten; wie unten so oben*

Die Verbindung zwischen dem Kleinen und dem Großen begegnet uns auf jeder Ebene, und wenn man etwas Großes erforschen will, so sollte man zuerst im Kleinen suchen, da alles auf den gleichen Gesetzmäßigkeiten basiert.

Um schwierige Situationen meistern zu können, sollte man erst das Einfache erforschen. In der Einfachheit sind die schwierigsten Sachverhalte zu erkennen.

So wie wir im Innersten sind, so präsentiert sich auch unser Äußeres. Wenn wir uns innerlich ändern, dann ändern wir auch unsere Zukunft.

6. *Das Gesetz des Rhythmus*

Unser ganzes Leben unterliegt dem Wandel der Gezeiten. So hoch wie das Wasser steigt, so tief sinkt es auch wieder ab. Auf jeder positiven Reaktion erfolgt eine negative Gegenwirkung.

Wenn wir unsere Emotionen und Gedanken im Gleichgewicht halten, können wir unser mentales Gleichgewicht wahren.

Wir erhalten immer nur soviel, wie wir selber gegeben haben. Geben wir unsere Liebe nur einer Person, dann bekommen wir die Liebe von nur einer Person zurück. Leben wir aber die Liebe, dann liebt uns die Welt.

7. Das Gesetz des Geschlechts

Das Geschlecht ist in allem. Alles hat weibliche und männliche Elemente und offenbart sich in allen Ebenen.

Unsere weiblichen und männlichen Eigenschaften müssen in Übereinstimmung gebracht werden. Die Idee wird z.b. aus dem männlichen Aspekt geboren, und erst durch die weibliche Perspektive wird der Schöpfungsakt eingeleitet.

8. Das Gesetz der Anziehung und Abstoßung

Wir können nur das in unserem Leben anziehen, was in unseren Charakterzügen verwurzelt ist. Unsere Gedanken, die wir in diesem Moment denken, sind das umgewandelte Ergebnis all unserer erlebten Erfahrungen.

Somit ziehen wir auch nur das an, was uns entspricht und worüber wir uns die meisten Gedanken machen oder was wir uns am Lebhaftesten vorstellen. Alles andere hat für uns keine Relevanz und wird somit abgestoßen.

9. Das Gesetz des Vakuums

Je mehr ich vor etwas davonrenne, desto eher holt es mich ein. Je mehr ich etwas haben will, desto mehr entfernt es sich von mir.

Wenn wir ein Ziel oder einen Wunsch haben, dann sollten wir uns mit unserer ganzen Kraft bemühen. Haben wir dann alles Menschenmögliche getan, befolgen wir das Gesetz des Vakuums und lassen los. Die Ernte fliegt uns geradewegs zu.

10. Das Gesetz von Maß und Zahl

Alles in der Schöpfung ist nach Maß und Zahl geordnet. Diese Ordnung finden wir auch in unserem Leben wieder. Niemand ist willkürlich an einem bestimmten Tag geboren worden und ebenso verhält es sich auch mit den Ereignissen, die uns tagtäglich widerfahren.

Versuche den Rhythmus deiner Geburtsentsprechung herauszufinden und du bist der Meister deiner Planungen.

Dies war ein kurzer Abriss der wichtigsten geistigen Gesetze, die für jedes Lebewesen gelten und für alle Zeiten gültig sind. Wenn man seine Pläne oder Ziele nach diesen Gesetzen ausrichtet, dann werden sie mit hundertprozentiger Sicherheit bald Zukunft sein.

Die folgende Geschichte habe ich vor vielen Jahren selbst erlebt und sie symbolisiert den Charakter eines sich erfüllendem Wunsches, der auch dann zur Ausführung gelangt, wenn alle Zeichen erfolglos erscheinen.

Vergessenes Schicksal

Manchmal erdrückt einen das Glück, ohne dass wir es merken. Erst im Nachhinein begreifen wir das Geschehen, wobei jedoch der Sinn des Erlebten im Unklaren liegt.

Seit zwei Jahren arbeitete ich in einem Call-Center, um den Bedürfnissen vieler PC-Benutzer gerecht zu werden. Unzählige Probleme plagten die Nutzer dieser Hochkomplizierten Maschinen, so dass ich zum unentbehrlichen Helfer in der Not wurde. Belobigungen meiner Aktivität tropften zuhauf auf mich nieder, und ich badete in den Klängen meiner Leistungen.

Aber mein Erfolg sollte nicht von unendlicher Dauer sein, da mein Arbeitsvertrag keinesfalls verlängert werden sollte.

Also machte ich mich auf, andere Unternehmen von meinen Qualitäten zu überzeugen. Hingegen klappte dies nicht so recht, wobei die Zeit ein Faktor meiner Existenzängste wurde. Ich wollte auch gar nicht fort, denn hier fühlte ich mich heimisch und im Innersten wünschte ich mir hier zu bleiben.

Meine Arbeit vernachlässigte ich in diesen Tagen jedoch nicht. Ich wurde zu einem unverzichtbaren Teilchen in diesem Getriebe. Manchmal kamen selbst meine Kollegen zu mir, wenn sie sich in ihren Urteilen nicht sicher waren.

Aber all diese Erfolgserlebnisse mochten nicht darüber hinwegtäuschen, dass meine Tage in dieser Firma gezählt waren. Die Wochen vergingen, und ohne dass es mir bewusst wurde, konnte ich mich schon morgen auf der Straße sehen.

Der nächste Tag begann nicht anders als die vorherigen. Seltsamerweise konnte sich kein Vorgesetzter dazu durchringen, mich in irgendeiner Form für den bevorstehenden Austritt vor-

zubereiten. Niemand erahnte, dass heute mein letzter Tag war. Demnach machte ich meine Arbeit und verhielt mich so still wie noch nie. Kurz vor Feierabend wurde ich recht wachsam, vielleicht wollten sie mich ja doch noch überraschen. Dennoch verging der Tag wie all die anderen.

Am nächsten Morgen war nur mir bewusst, dass ich überfällig war. Ich machte meine Arbeit pflichtbewusst wie jeden Tag und konnte nicht glauben, dass ich vergessen worden bin.

Also erschien ich auch in den nächsten Tagen. Hin und wieder wurden noch Zusatzaufgaben an meiner Adresse versandt, die den Fluss der Vorgesetzten steuerten. Aber niemand bemerkte, dass ich eigentlich nicht hier sein sollte.

Erst nach drei Wochen wunderten sich einige Leute, warum sich meine Wenigkeit noch in den firmeneigenen Gefilden aufhielt. Sofort wurde ich zum Chef zitiert, der sich meiner Hartnäckigkeit im Wege stellte. Ich sollte zur Wahrung des firmenpolitischen Interesses einen Aufhebungsvertrag unterschreiben.

Als ich das Papier zum Trotz nicht besiegelte, musste ich, ohne Wenn und Aber, auf schnellstem Wege meine Sachen packen, um das Feld zu räumen. Was sollte ich nun tun, dachte ich, als ich zu Hause angelangt war. Durch einen meiner Bekannten erfuhr ich von dem langen Arm des Betriebsrates. Also rief ich ihn an und schilderte meinen Fall. Er beruhigte meine Wenigkeit, wobei er sich mit der anderen Partei auseinandersetzen wollte.

Schon am Abend bekam ich eine Einladung. Ich solle doch am folgenden Tag pünktlich zu einer Unterredung aller mitwirkenden Gruppen erscheinen. Unruhig verlief meine künftige Nacht, wobei die Erholung auf der Strecke blieb. Gerädert erschien ich am kommenden Morgen in der Firma. Ich traf mich mit dem Betriebsrat, der mich mit hilfreichen Tipps versorgte. Gemeinsam gingen wir im Anschluss zu dem entscheidenden Kolloquium. Alle saßen sie da, warteten sehnsüchtig auf unser Erscheinen, und ich fühlte mich wie auf der Anklagebank. Ich wurde vernommen, und da ich mir keiner Schuld bewusst war, begegnete ich dieser Aufforderung mit einer legeren Lässigkeit.

Darauf folgend wurde das Für und Wider meiner Arbeitskraft diskutiert. Und da ich der Beste in meiner Zunft war, wurde auch bald das Urteil in meinem Prozess gesprochen. Ich war ziemlich überrascht von der Wendung in meinem Schicksal. Die Proklamation schenkte mir einen unbefristeten Aufenthalt in den Räumen der duldsamen Arbeiterschaft. Und so konnte ich in diesem Unternehmen für weitere Jahre meines Lebens meinen Lebensunterhalt bestreiten.

Epilog

So schwer mag es manchem erscheinen, sich diese „Wunschregeln" einzuverleiben, doch ich sage Euch, dass wenn man seinen Wunsch lebt und mit seinem Ziel eins wird, dann werden einem auch die negativsten Fehlschläge nichts anhaben können. Der Erfolg ist Ihnen sicher.

Zum Ende des kleinen Ratgebers, möchte ich Ihnen noch eine kleine Erzählung von Linni Lind präsentieren.

Wann wird es sein?

Es war einmal eine Standuhr im Zimmer der Eltern, die regelte mechanisch den Tag. Ein kleines Mädchen, vielleicht ich selber, saß auf einem Kissen davor und lauschte dem mechanischen Schlagen des goldenen Tellers, hin und her und ding und dong - geheimnisvoll angetrieben im sonst stillen Raum. Wer war es, der den Schlag hinter der gläsernen Tür in Bewegung hielt? Gerne hätte es sie geöffnet und wäre selber eingetreten in den menschähnlichen Kasten.

So saß es davor und hörte das Hin und das Her in immergleichem Takt, immer dasselbe Klopfen wie das eigene Herz. Wie konnte das Pendel ihr Herz wiederholen? Wenn ich die Luft anhalte, wird das Pendel aufhören zu schlagen und der Teller mir folgen? Ging die Uhr spiegelverkehrt? Warum ist sie hier und nicht dort?

Konnte einer sein Herz anhalten, wenn im Spiel alle zur gleichen Zeit Luft einsogen, sie einhielten, während ein andrer das Zählwerk spielte? . . . dreißig, einunddreißig, zählte er vor, und die eingehaltene Luft kam von selbst wieder raus.

Wer aber folgte dem Pendel, wenn einer dalag und seine Zeiten ein Ende hatten? Es hatte gesehen, das kleine Mädchen, wie alles stillstand, wie kein Atem mehr war, als keiner mehr selber war, nur die Ahnung des Todes noch über dem Tag. „Der Sensemann kommt" sagte die Mutter und „flüchtig sein Schnitt, scharf und fix." Und die Uhr schlug doch weiter? Da zählte es das Klopfen nicht mehr, sie sollte klopfen, die Uhr! Sollte klopfen wie das eigene Herz, das womöglich doch hinter der Glastür saß.

Das Mädchen wird sieben Jahre alt, seine Kindheit geht langsam dem Ende zu. Es sieht schön aus in dem weißen Kleid mit den rosa gekäntelten Seidenstreifen über dem seitlichen Rock. Und es sieht jünger aus, als es ist, denn man hat ihm den blonden Zopf geöffnet und einen Veilchenkranz auf die Haare gelegt. Es soll die Elfe in Hänsel und Gretel spielen.

In Hänsel und Gretel gibt es eigentlich keine Elfe, es ist eine Erfindung der Tante, damit das noch zu kleine Mädchen die Rolle bekommt. Es muss nichts sagen, nur dastehen und spielen. Die Kinder werden von der Hexe aus dem dichten Wald herausgelockt.

„Sie kamen an ein Häuschen und auch so bitter kalt", da zündet die Hexe im Ofen das Reisig an. Dem Mädchen im weißen Kleid erscheint plötzlich eine Hand. Groß wie der Pappkarton, den sie für den Ofen schwarz gemacht haben, taucht die rußige Hand vor ihm auf. Die Linien der Handfläche sind so fürchterlich rot und jetzt schieben sie sich zu einem Gerippe zusammen, und jetzt tritt ein rotes Gerippe von einem Menschen ihr aus der Hand entgegen.

Das rote Gerippe sind doch die, die hier spielen? Ganz deutlich erkennt sie jetzt die Kusine, und die Tochter der Tante,

110

danach den eigenen Bruder. Zum Schluss tritt sie selber als rotes Gerippe hervor. . . der Karton verbrennt . . . die Hand verschwindet.

Bald kommt die Tante, macht eine Fotografie und das Spiel ist vorbei. Alle, auch das Mädchen, freuen sich, weil die Hexe verbrannt ist.

Ein paar Tage später sieht sie wirklich einen Toten. Ihr Vater liegt einige Stunden in seinem weichen Nachthemd im Bett. Über seine Brust laufen senkrecht neben der Knopfleiste hoch rosa gekäntelte Streifen bis zu dem zugeknöpften Kragen am Hals. Sehr ordentlich liegt der tote Vater im Kissen.

Da weint sie drei Tage und zwei Nächte lang. Dann gibt es Kakao für die Trauergäste und plötzlich beginnen die Geschwister mit ihr wieder zu lachen.

Aber erst ist es neun geworden, das Mädchen, da bringen es die Eltern in eine Klinik für Lungenkrankheiten, denn es hüstelt zu oft. So jung noch, so blass, die Haut wie durchsichtig, so zart, und eine blaue Ader ist unter der Schläfe zu sehen: so steht es da, verlassen und ängstlich. Es fühlt sich gefangen in dem großen Gebäude, wo es nun für lange Zeit bleiben soll.

Nachmittags während der Ruhe darf es nicht husten, muss lange die Luft anhalten, damit es die anderen Kinder nicht stört, darf auch nicht raus in die Sonne laufen. Nur die Zehnjährigen dürfen zum Gottesdienst gehen! Sonntags um Neun laufen sie hinaus in die Freiheit, in die Sonne, durch die kalte Luft den Park hindurch bis zur Kirche.

Da weint das Kind wegen seinen zu wenigen Jahren, es möchte ja mit, auch hinaus, auch in die Sonne und durch den Park, und es weint, bis es mit darf. Ganz still sitzt es dann und hört die

111

heiligen Worte an, flüstert die Gebete der Zehnjährigen nach, sieht sich selber im göttlichen Raum unter leuchtenden Fenstern! Fassungslos in der Herrlichkeit vergisst es zu atmen, nur Augen und Ohren weit offen.

Nach drei Monaten ist die Lunge geheilt und die Kur beendet. Die Mutter holt das Mädchen ab, gemeinsam fahren sie mit dem Zug nach Hause. Da sieht es leise hinaus auf das vorbeifahrende Land. „Herr, erlöse mich von dem Übel" hat sie in der Kirche gebetet. Es ist eingetroffen, denkt sie, und alles wird gut!

Schnell ist wieder viel Zeit verflogen, und: „Geh mit Gott", sagen die Eltern und schicken das Kind in das Leben. Das Mädchen von damals ist ja beinahe erwachsen! Hübsch sieht sie aus, eine Arbeit hat sie, ein Zimmer und einen Ofen. Auch einsame Dämmerstunden, wenn goldenes Abendlicht durch das westliche Fenster fällt, wenn fröhliche Feste vorbei, und Tränen, die keiner sieht.

Ein Kind könnte sein? Ein Liebhaber? Eine Ehe, ein weißes Kleid mit senkrecht gekäntelten rosa Streifen und dazu mit Blumen bestickt?

Nicht nur im Bild, das sie freudig herumreicht, sondern im Kopf geehelicht: so, wie es im Buche steht, Elvis und Blues noch im Ohr, doch auch noch die Sterben schlagenden Glocken aus der Stadtkirche nebenan. Der leibhaftige Gatte wie Jesus Christus so gut und sie hängt am Kreuz? Wie dicke Hefezöpfe quellen sie auf, das Kind, der Mann, Haus und Beruf und die Strähnen sind zu eng geschnürt.

Der gefaltete Tintenklecks, den sie ausmalt, ist nicht genau symmetrisch, sondern ein wenig verrückt, wie ein geometrischer Felsbrocken aufgespalten in der Mitte, wie ein kosmi-

scher Herzbeutel sieht er aus. Der Brocken oder das giganti-
sche Herz wird oben von zwei Steinen oder Hauben verschlos-
sen, die aber soeben von der Malerin ein wenig zur Seite ge-
rückt wurden, so dass jetzt ihr durchsichtig kleiner Körper ge-
nau in die enge Spalte hineinpasst. Dort eingekellert, ernähren
sie seitlich, rechts und auch links, pulsierende Herzkranzgefäße
mit roter Farbe, so, dass sie – einbruchsicher - dem Leben er-
halten bleibt.

Eingekeilt ruht nun ihr Wesen im geheimnisvollen Gestein, so
sicher, dass die kleine Antenne auf ihrem Kopf ausreicht, um in
die Gedankenwelt nach draußen zu dringen, ein Durchbruch
gelingt hinaus in die Welt der Gestirne. Wie eine kleine Perle
eingebrannt in Muschelgestein aus archäologischer Zeit, wie
eine Puppe im Kokon sitzt die Mutter und erwartet die größere
Zeit. Atem wandert still von sich weg.

Wann wird es sein, dass die beiden Steine den Ausgang ver-
schließen?

Nur nicht aufgeben

Epilog

Anhang

Weitere Bücher von Jürgen Berus

Cheiros Geheimnisse der Hand
Ihre Vergangenheit, Gegenwart und Zukunft

Taschenbuch, 88 Seiten;
Verlag: Engelsdorfer Verlag (Februar 2007)
Genre: Sachbuch/ Handlesen
Sprache: Deutsch
ISBN-10: 3867032254
ISBN-13: 978-3867032254
Preis: 8,20 Euro

Cheiros Charakteranalyse
Wann sind Sie geboren?

Paperback, 116 Seiten;
Verlag: BoD Norderstedt (09. 2008)
Genre: Sachbuch/ Astrologie, Numerologie
Sprache: Deutsch
ISBN-10: 383706381X
ISBN-13: 978-3837063813
Preis: 9,95 Euro

Manifestation aus dem Nichts
Wie Wünsche Wirklichkeit werden oder wie das Geld zu ihnen kommt

Gebundene Ausgabe, 228 Seiten
Verlag: Vier Jahreszeitenhaus;
Genre: Sachbuch/ Ratgeber
Auflage: 1 (3. Januar 2007)
Sprache: Deutsch
ISBN-10: 3938986166
ISBN-13: 978-3938986165
Preis: 12,50 Euro

Gestorben wird immer, gelebt aber, in bizarren Dimensionen
Skurille Kurzgeschichten über den Tod und das Leben

Broschiert, 172 Seiten
Verlag: Bod Norderstedt
Genre: Kurzgeschichten
Auflage: 1 (1. Oktober 2007)
Sprache: Deutsch
ISBN-10: 3837008622
ISBN-13: 978-3837008623
Preis: 12,48 Euro